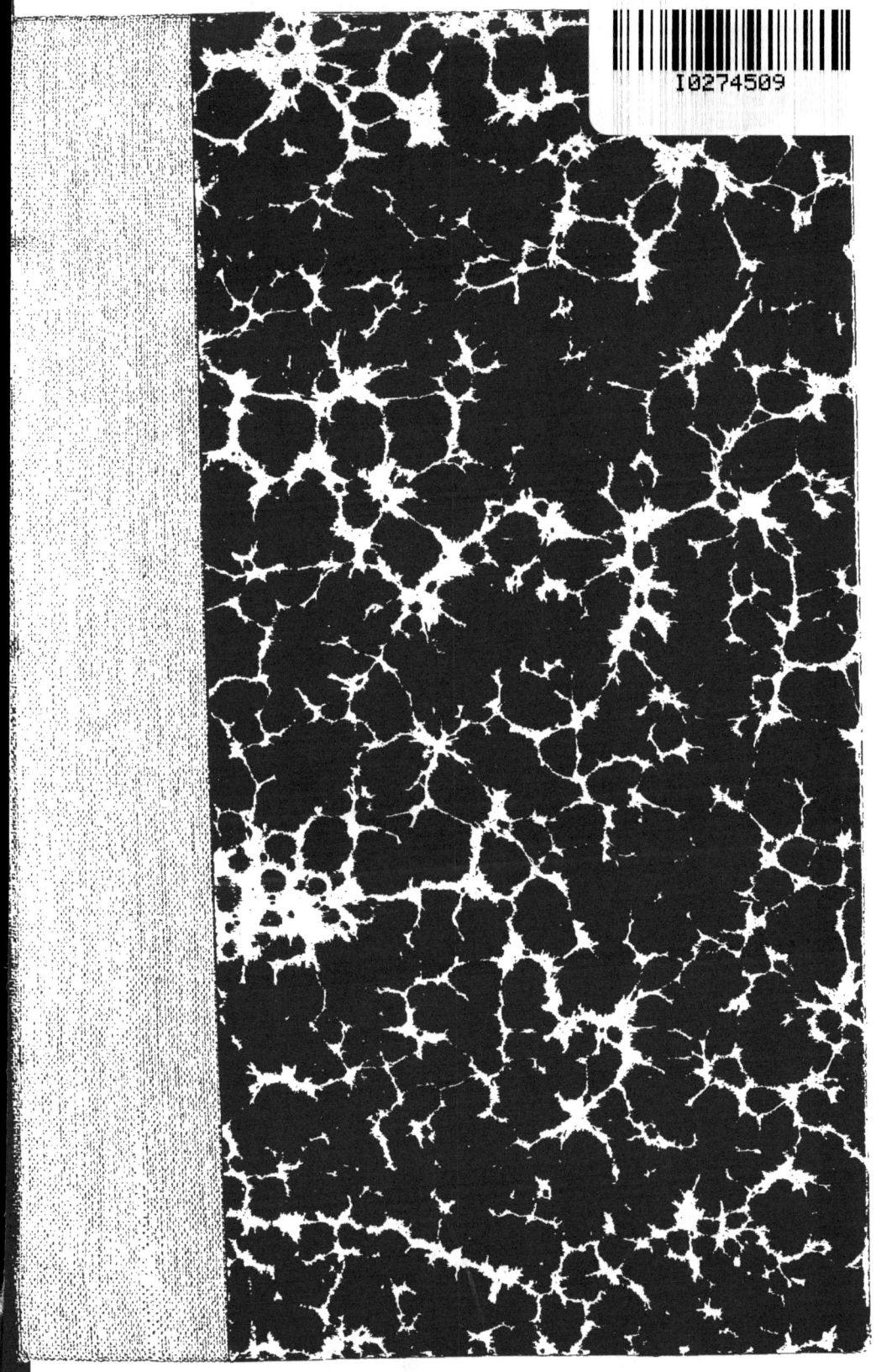

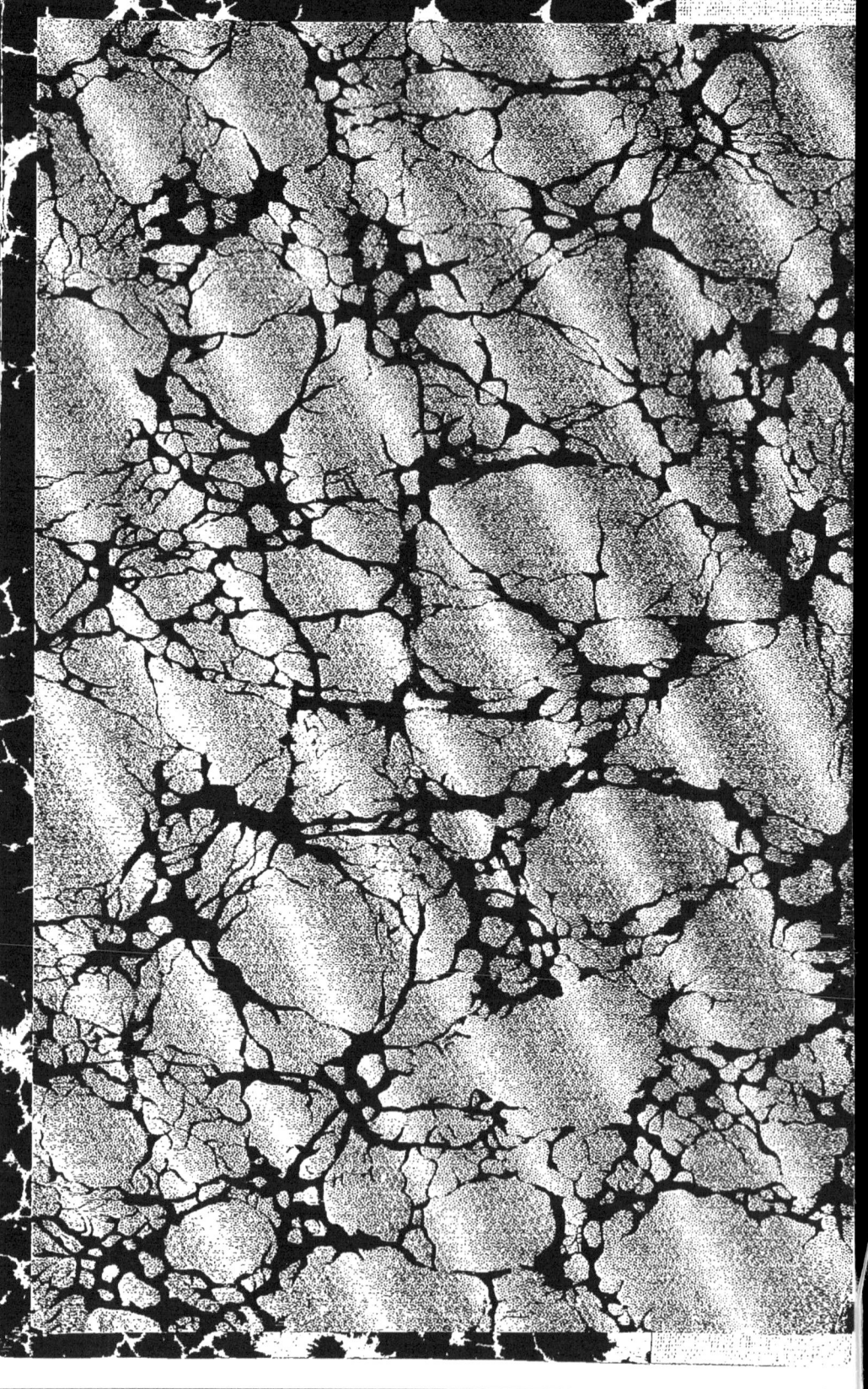

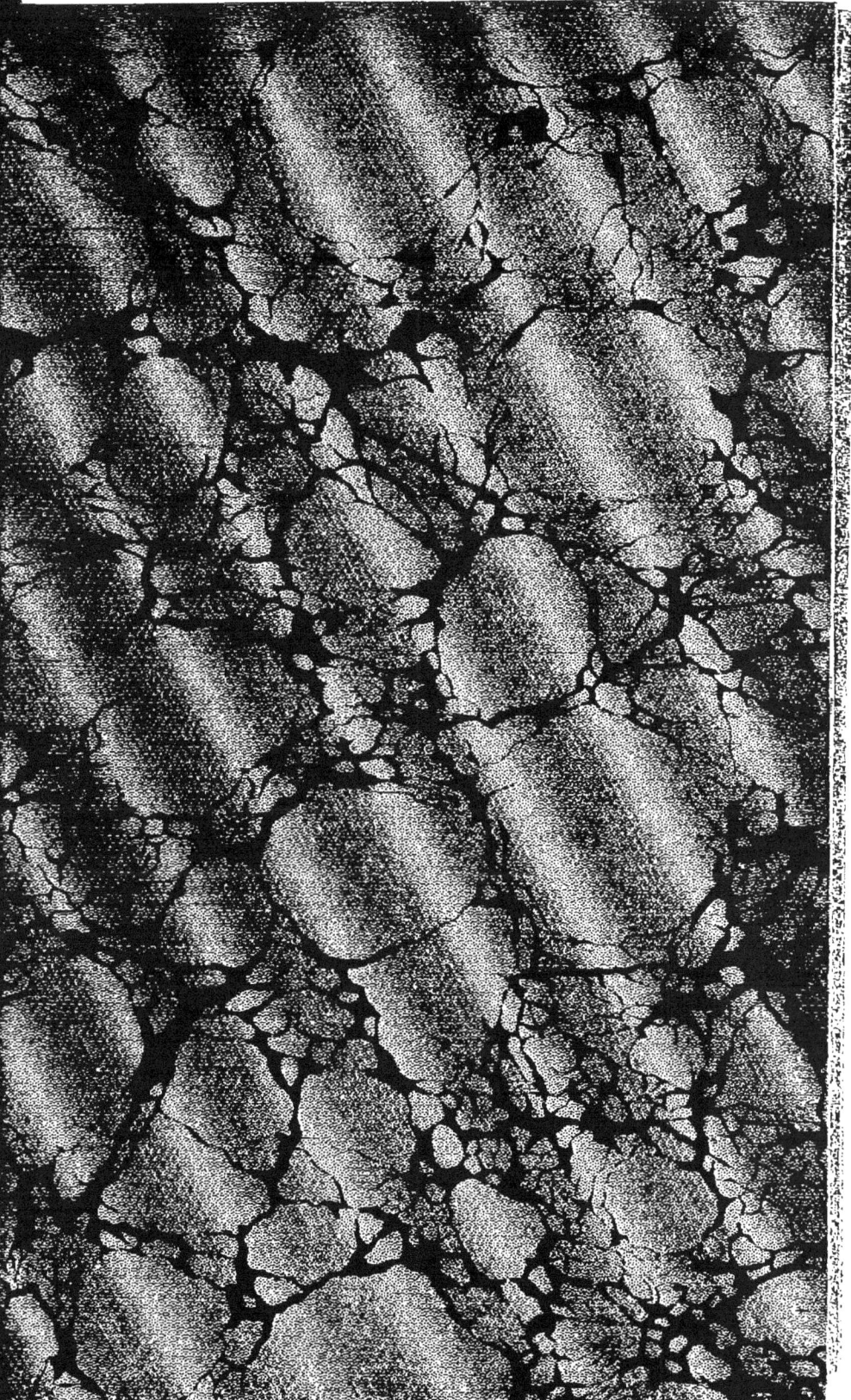

53500

ŒUVRES COMPLÈTES

DE

HENRI CONSCIENCE

LES SERFS DE FLANDRE

ŒUVRES COMPLÈTES
DE
HENRI CONSCIENCE

Publiées dans la collection Michel Lévy

UNE AFFAIRE EMBROUILLÉE...............	1 vol.
L'ANNÉE DES MERVEILLES...............	1 —
AURÉLIEN.............	2 —
L'AVARE..............	1 —
BATAVIA.............	1 —
LES BOURGEOIS DE DARLINGEN.............	1 —
LE BOURGMESTRE DE LIÉGE.............	1 —
LE CANTONNIER........	1 —
LE CHEMIN DE LA FORTUNE..............	1 —
LE CONSCRIT..........	1 —
LE COUREUR DES GRÈVES................	1 —
LE DÉMON DE L'ARGENT.	1 —
LE DÉMON DU JEU.....	1 —
LES DRAMES FLAMANDS.	1 —
LA FIANCÉE DU MAITRE D'ÉCOLE.............	1 —
LE FLÉAU DU VILLAGE..	1 —
LE GANT PERDU........	1 —
LE GENTILHOMME PAUVRE................	1 —
LA GUERRE DES PAYSANS	1 —
LE GUET-APENS........	1 —
HEURES DU SOIR......	1 —
LA JEUNE FEMME PALE.	1 —
LE JEUNE DOCTEUR.....	1 —
HISTOIRE DE DEUX ENFANTS D'OUVRIERS...	1 —
LE LION DE FLANDRE..	2 vol.
LA MAISON BLEUE......	1 —
MAITRE VALENTIN.....	1 —
LE MAL DU SIÈCLE.....	1 —
LE MARCHAND D'ANVERS.	1 —
LE MARTYRE D'UNE MÈRE	1 —
LES MARTYRS DE L'HONNEUR................	1 —
LA MÈRE JOB..........	1 —
L'ONCLE ET LA NIÈCE...	1 —
L'ONCLE JEAN.........	1 —
L'ONCLE REIMOND......	1 —
L'ORPHELINE..........	1 —
LE PAYS DE L'OR......	1 —
LA PRÉFÉRÉE..........	1 —
LE REMPLAÇANT.......	1 —
LE SANG HUMAIN.......	1 —
UN SACRIFICE.........	1 —
SCÈNES DE LA VIE FLAMANDE..............	2 —
LES SERFS DE FLANDRE	1 —
LA SORCIÈRE FLAMANDE	1 —
LE SORTILÈGE.........	1 —
SOUVENIRS DE JEUNESSE	1 —
LE SUPPLICE D'UN PÈRE	1 —
LE TRÉSOR DE FÉLIX ROOBECK............	1 —
LA TOMBE DE FER......	1 —
LE TRIBUN DE GAND...	2 —
LES VEILLÉES FLAMANDES	1 —
LA VOLEUSE D'ENFANTS.	1 —

La propriété littéraire en langue française des œuvres de M. Henri Conscience appartenant à M. Calmann Lévy, il poursuivra comme contrefaçon toute réimpression faite au mépris de ses droits, soit en France, soit dans tous les pays qui ont ou qui auront des traités internationaux avec la France.

LES
SERFS DE FLANDRE
LE GOUTTEUX

PAR

HENRI CONSCIENCE

TRADUCTION COVELIERS

PARIS
CALMANN LÉVY, ÉDITEUR
ANCIENNE MAISON MICHEL LÉVY FRÈRES
RUE AUBER, 3, ET BOULEVARD DES ITALIENS, 15
A LA LIBRAIRIE NOUVELLE

—

1881

Droits de reproduction et de traduction réservés

LES
SERFS DE FLANDRE

I

Dans les dernières années du XVe siècle, le jour de l'inauguration de Charles de Bourgogne comme comte de Flandre, les descendants des *Kerles,* notamment les *Kerles* des champs et les *Kerles* de mer, qui habitaient les villages du pays de Furnes et du Franc de Bruges, formaient encore une population particulière qui avait gardé ses lois et ses tribunaux.

Mais dans les contrées limitrophes, plus à l'intérieur du pays, où les *Kerles* des bois vivaient dispersés, les seigneurs féodaux et les chevaliers avaient depuis longtemps soumis ces naturels de la Flandre à leur domination, et, après plus de trois cents ans de violences et d'injustices, les avaient presque tous rendus corvéables, leur avaient ravi leurs vastes pâturages libres et diminué tellement leurs propriétés personnelles, que les Kerles opprimés avaient partout reculé jusque dans les bruyères les plus arides et près des bois. Même au milieu de leur patrie, que naguères ils avaient défrichée et fertilisée comme propriétaires légitimes, la jouissance d'un lopin de terre stérile leur était journellement contestée.

En 1468, une des moins misérables de ces habitations de Kerles s'élevait au milieu du bois de Bulke, près d'un étroit chemin de terre, à environ trois heures de marche de Bruges. Elle était très isolée ; car, excepté une hutte de charbonnier, on n'eût pu découvrir à une demi-lieue à la ronde aucune habitation avant d'avoir atteint le village le plus voisin, Winghene.

Cette demeure était une petite maison basse avec une petite écurie, bâtie en torchis et couverte de chaume. Devant la porte, un noyer élevait sa large couronne ; sur le côté, à quelques pas, pendait la perche avec un seau au-dessus du puits maçonné. Une dizaine de poules conduites par un coq multicolore, ainsi que deux couples de pigeons, grattaient et picoraient dans le fumier retiré depuis peu de l'écurie.

Si cette maisonnette témoignait de l'humble condition de ses habitants, elle trahissait aussi leur amour de l'ordre et du travail. Si on la comparait aux misérables huttes des autres *habitants de trous*[1], comme les seigneurs appelaient ironiquement ces pauvres laboureurs,

1. En latin du moyen âge : *servus casatus*.

on devait conclure que l'indigène qui l'habitait jouissait d'une aisance relative, d'autant plus qu'on entendait dans l'écurie mugir quelques vaches.

C'était par une très chaude journée de juin, le soleil descendait déjà vers l'occident et ses rayons obliques, pénétrant dans le chemin de terre, inondaient l'humble petite maison d'une douce et riche lumière.

En ce moment la porte s'ouvrit et une jeune fille s'approcha du puits en chantant et en riant.

Elle paraissait encore très jeune, malgré sa taille élevée. Peut-être n'était-elle pas positivement belle, car les traits de son visage n'étaient pas très finement dessinés; mais ses joues étaient si roses et si fraîches, ses dents si blanches, ses yeux noirs si profonds, son sourire si attrayant : tout en elle respirait une nature si saine et une si douce simplicité de l'âme, que, dans une contrée plus peuplée, elle aurait certainement fait battre le cœur de plus d'un jeune homme.

Elle était pauvrement mais très proprement habillée : un corsage rouge, un jupon noir, un tablier bleu, un petit bonnet de toile blanche trop étroit pour contenir son abondante chevelure brune, voilà tout son ajustement, mais il lui allait à merveille.

Elle avait déjà pris le seau pour puiser de l'eau ; mais les poules qui, les ailes ouvertes, accouraient vers elle, et les pigeons qui volaient autour de sa tête et même sur ses épaules, lui firent lâcher prise.

Elle dit en riant aux volatiles :

— Gloutons ! Je ne pourrai donc plus sortir sans que vous m'attaquiez pour avoir à manger ? Vous savez sans doute que mon frère a battu notre dernier blé, et qu'il reste un peu de rebut ? Je vais encore vous en chercher une poignée ou vous ne me laisserez pas tranquille.

Elle courut dans la maison et en sortit bientôt avec un peu de blé qu'elle jeta loin d'elle sous le noyer.

Elle regarda un instant les poules et les pigeons qui s'étaient jetés tous ensemble sur la pâture et qui voulaient s'empêcher l'un l'autre de manger en se battant du bec et des ailes.

— Bêtes ignorantes, murmura la jeune fille, voyez-les maintenant se mordre et se frapper l'une l'autre comme si cela leur faisait peine de ne pouvoir tout avaler seules. Le coq cependant est généreux. Il cherche le grain intact et, au lieu de le manger lui-même, il appelle ses poules et le leur montre par des signes parlants. Sois tranquille, bon chante-clair, je te donnerai tantôt à toi seul quelque chose de friand.

A ces mots, elle retourna au puits et abaissa la perche. Lorsque le seau fut remonté et eut rempli sa cruche, elle la prit pour rentrer ; mais elle avait à peine fait deux pas qu'elle se retourna soudain et regarda au loin avec une expression de surprise ou de crainte, comme quelqu'un qui écoute attentivement pour saisir un bruit indistinct.

— Ciel! ne me trompé-je pas? murmura-t-elle, les sons d'un cor de chasse! Vont-ils encore venir ici, ces seigneurs railleurs?

Dans le doute elle écouta encore avec plus d'attention. Bientôt un sourire parut sur ses lèvres et elle s'écria joyeusement:

— Innocente! C'est le chien du charbonnier qui hurle... Mais pourquoi avoir si peur de ces nobles chasseurs? Pourquoi rougir de leurs paroles pompeuses et de leur flatterie ironique? C'est peut-être leur langage habituel. D'ailleurs, au besoin, je leur montrerais qu'ils n'ont pas affaire à une enfant... Oui, mais ce chevalier noir, ce beau chevalier! Il me regardait si profondément dans les yeux que je tremblais d'anxiété sous son regard enflammé... Et c'est la deuxième fois qu'il vient ici avec ses compagnons pendant que je suis seule à la maison. Pourquoi me regarde-t-il si fixement? C'est de lui seul que j'ai peur. Allons, allons, je me suis trompée ; dépêchons-nous à l'ouvrage : mon père va bientôt rentrer. Je ne lui parlerai pas de ma terreur ; elle l'attristerait de nouveau.

Elle entra dans la maison, battit le briquet, alluma quelques fascines et attacha au-dessus de la flamme une marmite pleine d'eau, où elle jeta un peu de farine de seigle et quelques morceaux de pain.

Pendant qu'elle remuait constamment cette bouillie avec une cuillère de bois, elle se mit à chanter d'une voix claire une vieille chanson flamande.

Le mobilier qui l'entourait n'avait rien de curieux. Dans le coin de la chambre une lourde table, trois ou quatre chaises grossières et une couple de petits bancs de bois ; à côté de la vaste cheminée une sorte de cage à claire-voie pour mettre les assiettes et les pots, une huche pour pétrir la pâte, et plus haut, contre le mur, plusieurs petits sacs en toile, dans lesquels on conservait la semence d'hiver.

Néanmoins la propreté de ce mobilier pauvre trahissait la présence d'une femme soigneuse ; car la toile rayée du manteau de la cheminée était lavée depuis peu et finement plissée, et sur le sol, fait de petits galets et d'argile durcie, on ne voyait ni terre ni poussière.

Un objet, qui pendait tout en haut du mur et hors d'atteinte, pouvait par sa forme étrange attirer l'attention des rares visiteurs. C'était une espèce de massue, c'est-à-dire, un bâton noueux avec un très gros bout, qui devait, dans une main vigoureuse, être une arme assez redoutable. En effet, c'était la vieille masse des Kerles, l'arme que portaient ces hommes libres en signe de leur indépendance, après qu'on leur eut enlevé par la violence le droit de porter toutes les autres armes. Mais maintenant, depuis un temps presque immémorial, ce dernier vestige de leur liberté leur avait été ravi. Si la massue pendait encore, noire et vermoulue, dans cette petite maisonnette, elle n'était indubitablement qu'un reste de la puissance et de la grandeur passée dont les habitants actuels ne se souvenaient qu'imparfaitement ; mais qu'ils conservaient néanmoins en souvenir de leurs ancêtres.

La jeune fille continuait à chanter, pendant que, penchée au-dessus du feu, elle remuait sa bouillie... lorsque quelqu'un, dont le sourire malin et les gestes bouffons semblaient montrer qu'il voulait la surprendre par son apparition subite, se montra à la porte de derrière.

C'était un paysan d'un peu plus de vingt ans, assez grand de taille, mais pas très robuste. Ses vêtements, quoique modestes, témoignaient d'une certaine préoccupation d'élégance. Il était peut-être endimanché ; car sa blouse de laine était d'un brun très clair et à sa ceinture rouge pendait une jolie aumônière en cuir jaune. Sur son visage fleuri, rougi en ce moment par la chaleur du soleil, se lisaient en même temps la paix du cœur et une certaine finesse naïve.

Se glissant à pas légers vers la cheminée, il jeta tout à coup par derrière les deux mains sur les yeux de la jeune fille, et, quoique cette surprise la fît crier d'effroi et qu'il la sentît trembler, il s'efforça de la tenir immobile jusqu'à ce qu'elle eût deviné qui la saisissait ainsi.

Mais elle se dégagea avec une force irrésistible, sauta en arrière et allait fuir hors de la maison lorsqu'elle reconnut le jeune paysan ; elle s'écria avec colère :

— Fi ! Lucas, vous êtes donc fou, de surprendre ainsi les gens comme un voleur de grands chemins ! Voyez, je tremble encore de peur !

— Chère Begga, pardonnez-le-moi, balbutia le jeune homme. Si j'avais pu prévoir cela !

— Vous n'en faites jamais d'autres. Quel amusement spirituel de faire le revenant pour me mettre la mort dans l'âme. Je suis fâchée !

— Fâchée ? Ah ! vous plaisantez, n'est-ce pas ? Vous n'avez pas plus de bile qu'une tourterelle. Allons, pardonnez-moi ma sottise.

— Non, j'en suis encore tout agitée.

— Et moi, qui accours d'une traite de Bruges par une chaleur d'enfer, uniquement pour vous voir un peu plus vite ! gémit le jeune paysan prêt à pleurer ; oui, si rapidement, Begga, que mes pieds sont tout endoloris et que bien certainement le sang coule dans mon soulier gauche !

Et réellement des larmes brillaient dans ses yeux.

La jeune fille, touchée de sa tristesse, lui tendit la main en souriant et dit :

— Allons, mon émotion passe ; c'est oublié... J'ôte la bouillie du feu, car elle pourrait bien brûler.

Lorsqu'elle se rapprocha du jeune homme, celui-ci lui demanda, en secouant la tête d'un air pensif :

— Voyez-vous, Begga, il y a une chose que je ne comprends pas... mais vous vous fâcheriez peut-être encore...

— Non, parlez franchement.

— Eh bien ! c'est peut-être la vingtième fois, Begga, que je vous mets ainsi à l'improviste les mains sur les yeux. Chaque fois vous en avez ri. Aujourd'hui vous avez pâli, comme si vous craigniez un malheur. Qui croyez-vous donc qui vous surprenait ainsi ?

— Je croyais qu'il était encore arrivé des étrangers dans notre maison.

— Les chasseurs ?

— Oui, les seigneurs inconnus qui sont déjà venus deux fois ici.

— Mais avez-vous donc peur d'eux ? Quel mal voudraient vous faire ces bons gentilshommes !

— Je ne sais pas, Lucas ; leur langage me fait rougir ; leurs flatteries me troublent profondément.

— Ah ! innocente ! les seigneurs parlent toujours ainsi quand ils veulent témoigner de l'amitié à quelqu'un. Ce sont des manières de cour, nous n'y sommes pas habitués.

— Il y a surtout un chevalier avec de grands yeux noirs qui m'a regardée si fixement et d'un regard si profond qu'il m'a fait trembler.

— Begga, vous avez tort, certainement. Vous devriez être joyeuse et fière que ces nobles chevaliers daignent vous honorer de leur amabilité particulière. S'ils viennent encore ici, soyez très polie et tâchez de mériter leur bienveillance... Pourquoi faites-vous de nouveau la mine?

Et, lui passant le bras sur les épaules, il murmura à son oreille :

— Pour nous, pauvres gens, c'est un bonheur, Begga, d'être bien avec les grands seigneurs. Vous verrez, quand nous serons mariés, comme je sais hurler avec les loups, ce qui fait que j'ai des motifs de contentement, là où les autres hommes de mon espèce ne font que murmurer et se ronger le cœur du matin au soir.

— Vous avez peut-être raison, murmura la jeune fille pensive. Ces messieurs ne me mangeraient pas et, au besoin, je pourrais appeler mon père.

— Où est votre père ?

— Il est aux champs, derrière le bois, avec

mon frère. Ils reviennent tantôt pour le goûter. N'allez-vous pas près d'eux ?

— Non, j'attendrai, j'ai de trop belles choses à vous dire. Venez, Begga, asseyez-vous à côté de moi sur le banc ; vous allez être bien aise.

— Eh bien ! Lucas, quelle bonne nouvelle apportez-vous ? demanda la jeune fille lorsqu'ils furent assis tous les deux.

— Vous savez combien le seigneur de Ruddervoorde était irrité contre mon père et comme il lui donna du fil à retordre. Mon père, quand on voulait le forcer à faire une corvée, se montrait récalcitrant et murmurait, sous prétexte qu'il était né libre. Ainsi font également votre père, et votre frère surtout. Mais depuis que mon père est mort — que le bon Dieu ait pitié de sa pauvre âme ! — tout cela est changé. Ma mère, mon frère et moi, nous nous montrons soumis ; et puisque nous ne savons pas mordre comme le chien de garde du château, nous rampons et léchons les mains de nos maîtres comme le babichon de madame.

— Mais c'est de la lâcheté cela ! interrompit la jeune fille.

— C'est de l'intelligence et de la ruse, reprit-il avec un rire de satisfaction personnelle. Ce n'est pas avec du vinaigre qu'on prend les mouches. Mon père prétendait avoir le droit héréditaire de prendre des balais et du bois à brûler dans le bois du Loo. Avec ce bois il réussit à aller au moins quatre fois en prison et à rester très pauvre. Savez-vous ce que j'ai fait, moi? Je me suis rendu chez notre seigneur, je lui ai dit humblement que je reconnaissais ne pas avoir le droit de couper les rameaux à balai, et que je ne prendrais jamais une branche, pas même du bois sec, dans le bois du Loo sans son autorisation formelle. Cela lui suffit. Il me donna généreusement une permission illimitée. Depuis lors nous n'avons pas négligé une occasion, non seulement de lui être agréables en tout, mais nous nous sommes montrés, autant que possible, soumis à tous ses serviteurs. Nous en sommes arrivés au point que nous pouvons abattre du bois à notre convenance, que nous pouvons faire du charbon autant que nous voulons et le vendre à notre propre bénéfice, à la condition unique de fournir au château la provision nécessaire. Aussi ma mère a-t-elle déjà dans sa tirelire quelques ryders d'or de vingt-quatre sols chacun. J'en aurai le tiers quand nous nous marierons. Nous serons riches, Begga

— Est-ce là la bonne nouvelle? murmura la jeune fille. Deviez-vous pour cela tant piquer ma curiosité? Où sont donc vos idées, Lucas? Vous m'avez déjà raconté cela dix fois.

— C'est vrai, Begga; mais quand je suis près de vous et que je vois vos beaux yeux fixés sur moi, j'oublie ce que j'ai à dire. Ce n'est pas tout ça. Vous allez savoir ce qui me rend si joyeux... Je craignais que le seigneur de Ruddervoorde ne me refusât l'autorisation de me marier.

— Vous n'avez pas besoin de son autorisation, vous êtes un homme libre.

— Oui, homme libre, c'est pour rire, n'est-ce pas ? Begga ? Quand on est pauvre et faible, on n'a d'autre liberté que celle d'obéir ou celle de se laisser fouler aux pieds par les puissants seigneurs. Voici la bonne nouvelle. J'ai rencontré notre seigneur à Bruges ; il se promenait seul rue Ecckhout. Je me courbai jusqu'à terre et je voulus le laisser passer en gardant un silence respectueux. Il s'approcha de moi, me frappa familièrement sur l'épaule et me demanda comment je me trouvais maintenant et si j'étais content. Je lui ai parlé de vous et lui ai dit que je comptais me marier à Pâques de l'année prochaine s'il voulait me donner son consentement. Le généreux seigneur m'accorda, non seulement son consentement; mais il me dit qu'il tâcherait de nous procurer une petite ferme et qu'il chargerait son intendant de nous prêter l'argent nécessaire pour nous acheter une couple de vaches et un cheval. Begga, ma chère Begga, voilà ce que l'on gagne à être patient et serviable. Ah! ah! à Pâques nous nous marierons. Je vous vois déjà fermière dans notre métairie... En songeant à un pareil bonheur, je ne puis m'empêcher de danser.

> Jolies filles, jeunes garçons,
> Tressez des couronnes de fleurs.
> Dans la prairie verte et tendre,
> Chantez et dansez, nous sommes en mai!

Et en effet il dansait autour de la chambre et il montrait sa joie par toutes sortes de gestes comiques.

— Cessez, Lucas, s'écria la jeune fille à

voix basse, j'entends venir quelqu'un ; c'est le pas de mon père.

— Restons tranquilles alors, murmura le jeune homme à demi consterné, votre père n'aime pas à rire. S'il a l'humeur noire nous tairons la bonne nouvelle jusqu'à une meilleure occasion...

— Bonjour, père Evertand ! Bonjour, Jacques ! cria-t-il.

— Bonjour, Neliszone. Vous voilà revenu de Bruges ? Soyez-le bien venu, lui répondit-on.

Deux hommes de haute taille entrèrent dans la chambre ; ils échangèrent un salut silencieux avec Begga et se laissèrent tomber de fatigue sur une chaise près de la table.

L'un avait des cheveux argentés et le dos un peu voûté. Sa figure tannée et profondément ridée prouvait que dès sa tendre jeunesse il avait travaillé comme un esclave pour arracher à la terre son pain quotidien. Il y avait dans son regard calme quelque chose de résigné, de sévère et en même temps quelque chose comme le sentiment d'une fierté contenue. Il était le propriétaire de la petite maison et s'appelait Thomas Evertand.

Le deuxième — un jeune homme robuste de vingt-cinq ans environ — avait, comme son père, les traits du visage rudes et anguleux et les poings osseux. Quoiqu'il eût salué sa sœur par un clair sourire, son expression redevint immédiatement sérieuse.

Néliszone les regardait en haussant les épaules et ne savait s'il oserait parler.

La jeune fille, en mettant la bouillie sur la table, dit :

— Mon père, il est venu quelqu'un.

— Il est venu quelqu'un ici ? répéta le vieillard, comme s'il craignait une mauvaise nouvelle. Qui, Begga ?

— Non pas les chasseurs, se hâta-t-elle de répondre. C'était Simon, le domestique du majordome de Winghene. Il venait au nom de son maître avec une commission pour vous.

— Sans doute encore pour nous extorquer quelque chose ! grommela Jacques. Nous avons encore de trop avec cette bouillie de farine. S'ils pouvaient vivre de notre sueur, ils viendraient la boire sur notre front !

— Calme-toi, Jacques, dit le père en l'interrompant. Tu te laisses emporter avant de connaître le message du domestique... Parle, Begga.

— Il dit, mon père, que vous et Jacques, vous devez aller lundi à quatre heures du matin à Winghene pour y travailler, avec d'autres corvéables, dans les prairies du seigneur jusqu'à ce que le foin soit rentré.

— Encore une nouvelle injustice ! s'écria Jacques. Nous ne devons pas faire pareille corvée pour le seigneur. Travailler aux chemins publics et aux cours d'eau, oui ; mais qu'il veuille maintenant nous faire travailler, sans nous payer, dans ses propres prairies, c'est une véritable oppression. Je n'irai pas à Winghene !

— C'est une criante injustice, grommela le vieillard en hochant la tête ; mais nous sommes faibles et ils possèdent la force. Que pouvons-nous faire encore une fois, nous, pauvres gens, que nous soumettre et courber patiemment la tête ?

— Ton père a raison, fit remarquer Lucas : un nain ne peut pas lutter par la violence avec un géant, mais par la ruse et la souplesse...

— Tais-toi, poltron ! interrompit Jacques, nous connaissons ta malice d'esclave ; mais je préfère mourir la tête haute que de vivre en rampant sur le ventre. Ne te mêle plus de nos affaires !

— C'est bien, chacun son goût : je me tais, murmura Neliszone, reculant de deux pas devant le poing menaçant du jeune homme.

La jeune fille s'avança comme pour défendre son ami, en cas de besoin.

— Fi, Jacques ! Comment peux-tu toujours être si grognon ? s'écria-t-elle. Parce que ce pauvre Lucas exprime une autre opinion que la tienne, est-ce une raison de le rabrouer et de le menacer comme un forcené ?

— Ma sœur, nous parlons ici de choses qui dépassent ton intelligence, répondit-il. Je ne veux rien te dire de désagréable ; mais, je t'en supplie, laisse-nous tranquille... Ou crois-tu que Lucas est un enfant qui, sans aide, ne sait tenir tête à son homme ? D'ailleurs tu sais bien que je ne lui ferai pas de mal.

Begga, à demi fâchée, se dirigea vers la cheminée, prit son rouet et se mit à travailler, bien décidée à ne plus se mêler de la conversation.

— Calme-toi et sois patient, Jacques, dit le père. Tu le vois bien, mon fils : travailler comme des esclaves, suer sang et eau, souffrir est notre lot. Dieu le veut probablement ainsi ; sinon il nous aurait certainement accordé les moyens de nous soulever contre l'oppression avec chance de succès.

— C'est cela, se hasarda de dire Neliszone, ce sont nos supérieurs, nous devons leur obéir. Le majordome de Ruddervoorde le dit très bien ; pas de terre sans seigneur ; la force prime le droit.

— Affreux bavard, tu es cause que je me brûle la bouche ! interrompit Jacques. Je parie que si un noble chevalier te foulait aux pieds dans la boue, tu baiserais son soulier en riant ?

— Pourquoi pas, si, par là, je pouvais faire d'un redoutable ennemi un bienveillant protecteur ?

— Assez ! Je t'invite encore une fois, Lucas, à ne plus intervenir dans notre conversation.

— Je ne sais pas pousser la soumission aussi

loin que Neliszone, dit le vieux Thomas ; au fond il a cependant raison, du moins en partie.

— Mais, mon père, pourquoi dites-vous donc toujours que nous sommes nés libres, si vous pouvez supporter tout cela? Non seulement on nous fait payer arbitrairement une capitation intolérable et on exige une partie de tous les fruits de notre travail ; mais maintenant l'on veut nous faire travailler comme des serfs. Dénoncez à votre seigneur cette oppression de son majordome et exigez votre droit.

— Hélas ! Qu'est-ce que la liberté sans la force ; mon fils ? Pour nous il n'y a pas de droit. Non, non, ne songe pas à la résistance, Jacques. On nous répondrait par les amendes, l'emprisonnement et à la fin peut-être par la potence. Rongeons de nouveau notre frein ; ne parlons plus de ces choses. Que Neliszone nous raconte plutôt les nouvelles qu'il nous rapporte de Bruges.

Enhardi par cette autorisation, Lucas se rapprocha.

— Grande nouvelle, surprenante nouvelle, dit-il. Vous ne pourriez jamais le croire.

— Quoi donc ?

— Concernant le beurre.

— A-t-il haussé ?

— Oui, un sol et demi. Donc le prix en est presque doublé.

Les autres le regardèrent avec étonnement.

— Cela vous semble impossible ? reprit-il. Vivant toujours seuls dans les bois, vous ne savez pas ce qui se passe dans le monde à quelques lieues d'ici. L'aspect de la ville de Bruges est pire en ce moment que s'il était question d'une grande guerre.

— Une guerre ? En Flandre ?

— C'est par manière de parler. Voici l'affaire. Notre gracieux seigneur le duc est depuis quelques semaines à Bruges. Il va se marier avec la sœur du roi d'Angleterre et il attend son illustre fiancée qui arrivera un de ces jours à l'Écluse.

— Mais, Lucas, je croyais que notre nouveau duc était marié ? fit remarquer Jacques qui semblait déjà avoir oublié son animosité contre Neliszone. J'ai entendu dire à Winghene qu'il a une fille ?

— Oui, une jeune fille de onze ans. On l'appelle la jeune demoiselle de Bourgogne ; son nom de baptême est Marie. Je l'ai vu sortir ce matin de l'église Saint-Salvator. Elle est jolie comme un ange,

— Tiens ! tiens ! Et as-tu vu le duc ? C'est sans doute un homme imposant ?

— Je ne sais pas ; je n'ai pas encore vu notre gracieux duc... Mais pour répondre à votre précédente question : la première femme de notre illustre seigneur est morte depuis longtemps déjà. Un prince si puissant, qui n'a que trente-cinq ans, ne pouvait pas rester veuf.

— Mais comment peux-tu connaître tout cela si bien ? Tu parles comme un clerc.

— On ne parle que de cela à Bruges ; et quand on n'est pas bête et que l'on a une bonne mémoire comme moi...

— Je ne vois cependant pas là de raisons pour faire hausser le beurre d'une façon si surprenante, fit remarquer le vieux Thomas.

— Oui, père Evertand, je vais vous le faire comprendre, répondit Lucas. Notre duc va donc se marier, et il a envoyé de tous côtés dans ses comtés et dans son duché des messagers pour inviter à ses noces les seigneurs les plus illustres. Dès maintenant la ville de Bruges fourmille tellement de chevaliers avec leurs serviteurs et de visiteurs curieux de tous les pays, qu'il n'y a presque plus moyen de s'héberger qu'au poids de l'or.

— Ah ! c'est pour cela qu'il vient tant de chasseurs dans les bois de Wardamme, grommela Thomas.

— Probablement, affirma Lucas. La chasse du prince est ouverte pour tous ses illustres convives... Par suite de cette affluence de monde, tout est devenu subitement aussi cher que si la ville de Bruges était menacée de la famine. Le prix du beurre a presque doublé et non seulement le beurre, mais le blé, la viande, la bière, même les habillements et les souliers, oui, même le charbon. Cela vous étonne ? Moi aussi je le croirais difficilement si je n'avais le bel argent de cette hausse dans ma poche. Soyez joyeux maintenant ; car c'est une bonne nouvelle pour les pauvres paysans qui vont y gagner un joli sou.

— Oui, ils le méritent bien ! affirma Jacques, car les seigneurs impitoyables leur arracheraient la peau s'ils pouvaient seulement la convertir en monnaie.

— Et encore une chose qui vous réjouira peut-être plus encore. Ce que vous appelez l'oppression des pauvres gens par les seigneurs va cesser, du moins à ce point de vue les choses s'amélioreront bientôt.

— S'amélioreront ? Y aurait-il enfin espoir pour le petit d'obtenir justice ?

— Oui, voici comment je l'ai appris. Celui qui a acheté mon charbon au marché était un des cuisiniers du duc. Quand j'eus porté mon charbon au palais seigneurial, près de la Monnaie, le cuisinier me fit entrer et me versa une coupe de forte bière : entre temps il me parla de son gracieux seigneur. D'après lui le duc est très sévère pour les nobles, il veut qu'ils renoncent à tout acte arbitraire et qu'ils respectent les droits de chacun. Et, comme exemple, il me raconta qu'avant-hier — lorsqu'il y avait grande affluence de monde à cause d'un tournoi au Marché — un chevalier avait frappé de son épée jusqu'au sang un pauvre ouvrier forgeron, parce qu'il ne se retirait pas assez vite hors de son chemin. Le duc en a eu connaissance et il a condamné le chevalier, non seulement à une forte amende ; mais, en outre, il l'a banni de Bruges pendant toute la durée des fêtes du mariage. Qu'en pensez-vous ?

— C'est bien, dit Thomas en secouant la tête. Malheureusement tous les pauvres opprimés ne demeurent pas dans la ville de Bruges. Comment le duc pourrait-il savoir ce qui se passe dans les villages écartés et les bois solitaires ?

— Oui, mais, père Evertand, moi je vois par les yeux de notre seigneur ; les seigneurs voient par les yeux du duc, et une fois qu'ils connaissent sa volonté...

— Oui, appuie-toi dessus comme sur un bâton cassé et tu tomberas certainement le nez dans la boue, grommela Jacques en ricanant.

Le vieillard se leva de table et dit :

— Nous avons perdu trop de temps, mon fils. Retournons aux champs ; nous nous hâterons à l'ouvrage et puis nous causerons encore un peu de ces affaires. Porte-toi bien, Neliszone.

— Oh! je vais avec vous jusqu'au coin du bois, s'écria Lucas. J'ai dépassé notre maison ; ma mère sera inquiète.

Il s'approcha de la jeune fille, lui prit les deux mains et murmura à son oreille :

— Je reviendrai demain matin. Votre père sera probablement de meilleure humeur. Ne rêvez pas trop de notre ferme, de nos vaches et de notre cheval. Que ne sommes-nous déjà à Pâques, n'est-ce pas ? Tout ce bonheur me donne tant de soucis, que je ne pourrai certainement pas dormir. A demain, ma chère Begga !

— A demain, Lucas ; je suis également très joyeuse...

— Viens-tu ? cria Thomas Évertand qui était déjà à la porte.

Mais il s'arrêta tout d'un coup et dit avec inquiétude :

— N'entends-je pas sonner du cor de chasse, là-bas, dans les bois de Wardamme ? Écoute bien, Jacques.

— J'entends fort distinctement, mon père ; mais ils sont au moins à une lieue d'ici.

— Viennent-ils de ce côté ?

— Non, ils sont à cheval et ils s'éloignent très vite ; écoutez comme le son diminue et s'éteint. Je n'entends plus rien.

Le vieillard rentra et demanda à sa fille :

— Begga, s'il venait encore de ces nobles chasseurs, que ferais-tu ?

— J'irais vous appeler à la porte de derrière, mon père.

— C'est bien, appelle de toutes tes forces : nous accourrons immédiatement. Si, cependant, tu devais lier conversation avec ces seigneurs, sois indifférente et modeste, Begga. Ne leur laisse pas croire que les pauvres gens n'auraient pas le sentiment de l'honneur comme eux.

— Ne soyez pas inquiet pour moi, cher père, dit la jeune fille en lui jetant les bras autour du cou. Allez sans crainte à votre travail. Ces seigneurs, à part leur langage ironique, ne semblent pas malveillants ; vous le savez, j'ai assez de courage pour leur montrer, s'il le faut, que je suis la fille d'un homme libre.

Le vieil Évertand se dirigea vers la porte en souriant.

Lucas, au contraire, secouait négativement la tête et faisait des signes à la jeune fille pour lui conseiller d'être aimable avec les seigneurs.

Il suivait néanmoins le vieillard et son fils.

Tous les trois marchèrent de compagnie jusqu'au coin du bois. Lucas continua son chemin en réitérant ses saluts ; les deux autres tournèrent à droite et arrivèrent bientôt à des terrains marécageux, au milieu desquels ces pauvres gens avaient défriché une partie de terre maigre qu'ils avaient forcée de produire des fruits grêles.

Leurs bêches étaient encore fichées en terre. Ils étaient en train de creuser un large fossé pour détourner l'eau stagnante de leurs champs.

Ils reprirent leur travail et jetèrent les mottes de terre humide sur le bord de la fosse.

Ils restèrent silencieux pendant quelque temps; mais Jacques, qui grommelait encore toujours en lui-même à l'idée d'aller comme un corvéable faire le foin à Winghene, dit enfin, sans interrompre sa besogne :

— Mon père, il ne me paraît pas naturel que, parce que nous sommes pauvres, nous devions être ainsi opprimés, sans même avoir le droit de nous plaindre. En a-t-il toujours été ainsi ?

— Pas toujours, Jacques, répondit le vieillard avec un accent de tristesse. Mon grand-père — dont les parents étaient des paysans aisés — était un homme instruit : il savait lire dans des livres comme un clerc. Je l'ai entendu parler souvent dans ma jeunesse d'un peuple libre, non soumis aux seigneurs, et qui rendait une justice égale pour tous dans ses propres tribunaux. Ce peuple — qu'on appelait les Kerles — était si puissant et si brave, qu'il lutta plus d'une fois avec bonheur contre des princes et des seigneurs qui voulaient lui ravir sa liberté ; mais, hélas ! les Kerles ont succombé petit à petit sous le nombre de leurs ennemis... Et maintenant nous — leurs descendants — nous avons même perdu le souvenir de nos glorieux ancêtres. Il ne resterait rien d'eux, pas même leur nom, si nos oppresseurs n'en avaient fait une injure. La plupart des Kerles se sont courbés sous le joug des seigneurs et ont obtenu ainsi la pitié ou la faveur de leurs nouveaux maîtres. Regarde Neliszone ; il est Kerle, mais il cherche son bien-être dans la soumission. Les autres, comme nous, qui osèrent revendiquer leurs droits, on les a poursuivis pendant des siècles entiers et on les a réduits à l'impuissance par la misère.

— Y avait-il également des châteaux, des seigneurs et des corvéables? demanda le jeune homme.

— Non, pas ici du moins. Les Kerles étaient les seuls propriétaires du sol, et presque tous les bois, toutes les bruyères et toutes les prairies étaient leur propriété commune, de sorte que le Kerle le plus pauvre pouvait se dire copropriétaire des biens les plus étendus; — mais, Jacques, il y a si longtemps de cela, si longtemps, que ce sont seulement les livres les plus anciens, disait mon grand-père, qui nous en ont conservé un souvenir.

Le jeune homme acheva son travail en silence. Il pensait au temps passé de la puissance et de la liberté de ses aïeux.

Il s'était éloigné, tout en travaillant, jusqu'à l'autre bout du fossé.

Pendant plus d'une heure le père et le fils restèrent séparés par la largeur de tout le champ, sans se distraire de leur travail.

Le soleil était très bas à l'horizon ; le soir allait bientôt tomber.

Tout à coup Jacques leva la tête ; il lui sembla entendre trembler le sol sous ses pieds... Qu'est-ce que cela pouvait signifier ?

Il voit arriver, derrière le bois, trois cavaliers au grand galop. L'un d'eux — un chevalier, reconnaissable à son costume — tient devant lui, sur son cheval, une femme qui paraît évanouie de frayeur.... Pauvre victime d'une cruelle violence ! Son bourreau est un noble chevalier ; pas de secours possible... Mais, grand Dieu ! en croira-t-il ses yeux ? Ce petit corsage rouge ? Ce bonnet blanc ? Horreur !

Il s'élance en poussant un cri de détresse, et appelle :

— Mon père ! mon père ! Voyez, ma sœur ! C'est Begga ! Enlevée ! A moi, à moi !

Et, sans regarder derrière lui, il se précipita à travers les bruyères et les buissons espérant arriver à temps pour barrer le chemin aux ravisseurs.

En effet, il les atteignit et saisit le chevalier avec tant de force par la jambe, qu'il força le cheval à s'arrêter. Il cria avec rage :

— Ma sœur ! C'est ma sœur ! Rends-la-moi, tyran ! ou je t'arrache de ton cheval !

Mais, avant que les serviteurs pussent s'approcher pour délivrer leur seigneur, le chevalier tira son épée et en frappa si cruellement le jeune homme, que celui-ci, sans proférer une plainte, s'affaissa sur lui-même.

Les ravisseurs reprirent leur course.

Cela s'était passé si vite que le vieux Thomas était encore à plus d'une portée de flèche de l'endroit fatal où son fils était déjà étendu inanimé sur le sol.

L'anxiété, la frayeur mortelle du vieillard avaient anéanti ses forces ; c'était à pas chancelants qu'il essayait de poursuivre les cavaliers. Il soupçonnait bien une partie de son malheur ;

mais s'il en avait connu toute l'étendue, il serait tombé pour ne plus se relever. Sa Begga, son enfant, enlevée, ravie ! Elle ne bougeait pas ; aucune parole, aucun son ne sortait de sa poitrine. Le lâche tyran ! Il ne suffisait pas que sa victime eût perdu connaissance, il l'avait encore bâillonnée.

Poussant des cris de détresse, qui retentissaient dans les bois et les bruyères, le vieillard courut quelque temps en bronchant à travers champs à la poursuite des ravisseurs, avec le vain espoir de pouvoir encore les atteindre ; mais bientôt il les vit disparaître dans le bois épais. Alors il s'arrêta. D'abondantes larmes tombèrent de ses yeux ; le nom souvent répété de sa malheureuse enfant, fut la seule plainte qui sortit de sa poitrine. Il y eut un moment d'obscurité dans son esprit.

Tout à coup il poussa un cri navrant. Il se rappela, en effet, qu'il avait vu briller l'acier de l'épée du chevalier au-dessus de la tête de son fils. Où donc était Jacques ? Il ne l'apercevait pas !

Il marcha en regardant autour de lui vers l'endroit où il avait aperçu d'abord les chevaliers :

Tout à coup il se mit à trembler et leva les bras en l'air. Était-ce son fils qui était étendu sur le sol, là derrière les arbustes ?... et cette tache brune sur sa poitrine, était-ce du sang ? O ciel !

Plus pâle que la figure livide de son malheureux enfant, il s'agenouilla, souleva la tête du jeune blessé et arrosa ses joues de ses larmes, l'embrassa à plusieurs reprises en murmurant des paroles d'angoisse, de désespoir et d'amour.

Il ouvrit le sarrau du jeune homme et vit que le coup d'épée l'avait atteint à la poitrine. Le pauvre père, presque fou de douleur et de crainte, tenta de rapprocher de ses doigts tremblants les lèvres de la plaie ; mais quoiqu'il fît le sang continuait à couler.

— Dieu ! ô Dieu ! s'écria-t-il en regardant le ciel, lui, mon brave enfant, mon bon Jacques, il serait mort ? Ah ! ayez pitié de nous !... Ah ! ses doigts remuent : il vit ! Il y a encore de l'espoir !

Il se leva et cria de toutes ses forces des quatre côtés de la bruyère :

— A moi ! à moi ! Au secours ! au secours !

Les sons expirèrent dans le silence de la solitude.

— Du secours dans ce désert ! Je suis fou ! Abandonné, abandonné du monde entier et de Dieu ! hurla le père hors de lui. Et pourtant il vit, et sans secours il mourra !... Que puis-je, misérable créature, contre le sort impitoyable ?. Ah ! ne perdons pas courage ; luttons jusqu'à la fin ! Mort jalouse, tu ne l'auras pas !

Et il se mit à courir de toutes ses forces, poussant des cris de joie et agitant les bras, comme s'il était réellement devenu fou. Trébuchant, et tombant parfois, il continua sa course à travers la bruyère et derrière le bois jusqu'à ce qu'il eût atteint sa demeure. Il y entra en courant, prit un drap de lit, en fit un paquet, le mit sous le bras et descendit toujours en courant. Il prit une cruche pleine d'eau, plaça le tout sur une brouette et s'élança en courant dans le chemin de terre, aussi joyeux que s'il emportait le moyen infaillible de sauver son enfant.

Lorsque, à bout de forces, il atteignit l'endroit fatal, le jeune homme blessé était toujours étendu sur le sol dans la même position ; mais les yeux semblaient à moitié ouverts et, quoiqu'il n'en sortît qu'un regard terne et vitreux, Thomas Evertand, à ce signe douteux de vie, se berçait d'un espoir insensé.

S'agenouillant de nouveau, il dit, après avoir embrassé son fils :

— Jacques ! mon cher Jacques ! ne déses père pas, tu guériras, ouvre les lèvres ; voici de l'eau, de l'eau fraîche. Soyez béni,

3.

ô mon Dieu, il a bu ! Maintenant je vais panser ta blessure, te transporter à la maison, te veiller, te soulager, te guérir. Courage, courage ! mon pauvre enfant !

Il lava la plaie, déchira le drap de lit en larges bandes et travailla longtemps et péniblement pour en faire un bandage qui, entourant toute la poitrine, serrait assez pour tenir la blessure fermée.

Cela lui coûta beaucoup de travail et ses efforts infructueux lui arrachèrent plus d'un cri de désespoir ; mais enfin il réussit.

Alors il plaça avec mille précautions le corps inanimé sur la brouette et partit. Il lui fallut des forces surhumaines pour conduire la lourde brouette sur le sol raboteux des bruyères ; mais le pauvre père croyait qu'il enlevait son fils à la mort. S'arrêterait-il et renoncerait-il à la lutte ? Non, non, fallût-il se briser les muscles !

Enfin il a accompli son travail de géant ! Son

fils est étendu là dans la chambre sur deux bottes de paille, et il est agenouillé à côté de lui, serrant tendrement sa main et épiant dans ses yeux à moitié fermés et sur son visage pâle le moindre signe de vie.

Le jeune homme n'est pas mort; de temps en temps sa poitrine semble se soulever et il remue d'une manière presque imperceptible. Le père l'embrasse par moment et murmure sans cesse des paroles de consolation et d'encouragement. — Tu guériras, mon cher Jacques, tu guériras ! lui dit-il à l'oreille. Le sort affreux de sa pauvre Begga se présente bien devant ses yeux; mais il chasse ces pensées douloureuses. L'espoir qu'il ne perdra pas son fils le rend si heureux, qu'il défend sa joie contre tout ce qui peut la troubler.

— Qu'est cela ? O ciel ! Jacques ne remue-t-il pas les lèvres ? Veut-il parler ? Oui, il ouvre les yeux ! Il murmure quelque chose ; mais les paroles expirent dans sa bouche.

Le vieillard, tremblant d'impatience, tend l'oreille. Rien, il ne comprend rien! Ah! enfin!

— Mon père, bégaie le jeune homme agonisant, mon père.... le méchant chevalier... ma pauvre sœur.... Moi.... vous.... au ciel.... Dieu.... Ah! adieu!

Un frisson spasmodique parcourt les membres du jeune homme, sa poitrine s'affaisse et ses yeux se ferment.... Plus de doute : la lutte est finie, la mort a triomphé...

Thomas Evertand reste un moment muet et immobile à regarder le visage de son fils ; ses cheveux se dressent sur sa tête ; ses lèvres tremblent.... mais tout à coup il lève les mains au ciel et s'écrie d'un ton lamentable :

— Mort! il est mort, mon bon Jacques!.... Dieu, Dieu juste, quel méfait ont-ils commis, mes pauvres enfants ?.... Seul, seul sur la terre! Que me reste-t-il, misérable père, homme réprouvé que je suis? Mourir? Oh! oui, mourir est la délivrance ! Allons ! Seigneur, soyez-moi miséricordieux : accordez-moi la mort.... ainsi, mes lèvres sur les lèvres de mon enfant !

Il tomba par terre comme si en effet il succombait sous le poids de son terrible malheur. Le silence de la tombe l'entourait.... et la nuit noire le trouva encore penché sur le mort, et inondant le cadavre déjà froid de larmes brûlantes.

II

C'était par une claire matinée. Il y avait à peine deux heures que le soleil s'était levé dans l'azur foncé du ciel, et déjà ses rayons brûlants dardaient d'aplomb sur la terre altérée. La journée s'annonçait comme très chaude.

Hors de la porte Sainte-Catherine, sur la route de Bruges à Courtrai, s'avançait en ce moment un long cortège de chevaliers et de gentilshommes qui, avec leur suite et leurs serviteurs de toute espèce, pouvait bien atteindre le chiffre de soixante chevaux.

Il était visible qu'ils allaient à la chasse, car aucun d'eux n'avait le heaume, ni la cuirasse, ni la lance. La seule arme qu'ils portaient était une courte épée ou plutôt un grand couteau attaché à leur ceinture.

Tout en avant chevauchait un chevalier dont le costume contrastait par son austérité avec l'ajustement multicolore de ses compagnons. Il portait une longue robe en damas noir et un chaperon de même étoffe, sans le moindre ornement ni armoirie. S'il n'eût porté sur la poitrine l'ordre de la Toison d'or, aucun signe extérieur n'aurait révélé en lui le puissant duc Charles de Bourgogne.

Deux gardes du corps — probablement de nobles écuyers, car l'un était encore très jeune — chevauchaient derrière lui et ne le quittaient pas des yeux pour obéir à son premier ordre, à son premier signe.

Le duc Charles n'était pas très communicatif ; les soins de ses vastes États, son désir de réformes, les intrigues de l'astucieux roi de France, Louis XI, absorbaient trop son esprit pour lui permettre d'accorder beaucoup de temps à des divertissements ou à des conversations spirituelles. Néanmoins il avait aussi ses bons moments ; et alors il savait parfois se montrer si amical et si enjoué, qu'il étonnait le monde.

Il était dans un de ces jours de bonne humeur ; car le cortège avait à peine atteint le village d'Oostcamp, que le duc donna successivement l'ordre à ses écuyers d'annoncer à tel ou tel seigneur qu'il désirait causer avec eux. Alors, chevauchant en compagnie des gentilshommes appelés, le duc leur parlait des choses qu'il savait pouvoir leur être le plus agréables. Lorsque l'entretien avait duré quelque temps, il leur donnait gracieusement l'autorisation de reprendre leur place dans le cortège.

Il avait fait appeler ainsi les principaux seigneurs. On allait rejoindre, près de Nieuwenhove, les serviteurs avec les chiens. Là commençait la chasse, car les gardes-chasse devaient montrer l'endroit choisi comme gîte par le cerf.

Le prince regarda de nouveau derrière lui.

— Liedekerke, dit-il au plus âgé de ses écuyers, regardez, là-bas, à la queue du cortège, le chevalier qui semble absorbé dans ses pensées et qui avance avec la tête penchée. N'est-ce pas le jeune seigneur Gautier Van der Hameide ?

— C'est lui-même, seigneur duc. Votre Altesse l'a invité hier à assister à cette chasse.

— En effet, son adresse et sa vigueur au tournoi m'ont plu infiniment. Avec un peu plus de chance il aurait gagné le faucon d'or contre Ravestein. Contre Ravestein, la meilleure lance de la chrétienté, peut-être !... Ingelmunster, allez prier le seigneur Van der Hameide de venir près de moi.

Le chevalier appelé donna de l'éperon à son cheval, pour satisfaire au désir de son souverain.

Gautier Van der Hameide était un beau cavalier, vigoureux, svelte, élégant, avec les traits du visage fortement accusés. Sous son large front brillaient deux grands yeux noirs, pleins de fierté et d'audace.

Lorsqu'il se fut approché avec des signes de respect et de reconnaissance, le duc lui dit en souriant gracieusement :

— Venez, seigneur Van der Hameide, placez votre cheval à côté du mien ; je désire causer un instant avec vous... Dites-moi, vous qui êtes jeune et n'avez pas de charge, pourquoi marchez-vous absorbé dans des pensées, la tête penchée sur la poitrine ? Est-ce fatigue ? Votre combat contre le seigneur de Ravestein était en effet une lutte de géant pour vous.

— Je vous prie de m'excuser, gracieux seigneur, répondit Gautier avec une certaine fierté, mais je ne me fatigue pas si vite.

— Vous êtes solidement bâti, en effet. C'est peut-être l'amour qui a pris possession de votre esprit ? Vous secouez la tête, messire. Qu'y aurait-il d'étonnant à cela ? Vous êtes un bel homme, de maison illustre ; je suis bien certain que la plus noble demoiselle s'estimerait heureuse d'obtenir vos hommages. Quel âge avez-vous?

— Vingt-huit ans, gracieux seigneur.

— Et pas encore marié! Ce n'est pas bien. Quand l'occasion se présentera, je m'occuperai de votre sort et vous chercherai une épouse qui augmentera la splendeur de votre maison.

— Monseigneur, je n'ai pas encore de goût pour le mariage, dit le jeune homme.

— C'est égal, je n'aime pas que mes gentilshommes restent si longtemps célibataires. Il en résulte des désordres qui tendent souvent à déshonorer la noblesse. Soyez tranquille, messire Van der Hameide, je suis très porté pour vous, et si je vous présente une femme, vous aurez des raisons pour me remercier, soyez-en certain… Vous avez un château dans ces environs, m'a-t-on dit. Où est-il?

— C'est loin, très loin d'ici, derrière les bois,

balbutia Gautier avec une inquiétude mal déguisée.

— Pourquoi riez-vous, Ingelmunster? demanda le duc au plus jeune de ses écuyers.

— Que Votre Altesse ne le prenne pas en mauvaise part, répondit celui-ci, mais le bourg de Hersberge où messire Van der Hameide demeure d'habitude, est à moins d'une demi-lieue d'ici. Tantôt je voyais encore les tours au-dessus de ces bois.

— Que signifie cela, messire? demanda le duc avec un regard sévère. Vous tentez de tromper votre prince?... Allons, pourquoi ne répondez-vous pas?

— Ah! gracieux seigneur, pardonnez-moi cette distraction, dit Gautier avec émotion. J'habite à Bruges dans le domaine de Uytkerke, près de ma mère. Mon château à Hersberge n'est qu'une vieille maison de chasse qui tombe en ruines; il n'y a rien là sous la main pour me permettre d'y recevoir convenablement, même un ami, un égal. La crainte que Votre Altesse...

— La crainte que je veuille visiter votre château? Vous espérez beaucoup à la fois, messire!... C'est une idée cependant. Après-demain je chasse encore avec d'autres seigneurs, mes invités, dans les bois de Wardamme. Alors j'irai à Hersberge frapper à la porte de votre manoir; mais je vous défends sévèrement d'y rien changer et d'y apporter autre chose que ce qui y est maintenant. Ce que je fais est uniquement pour vous faire honneur et pour vous témoigner mon affection.

Messire Van der Hameide était visiblement embarrassé; mais comme son émotion s'expliquait assez par l'annonce inattendue de la visite princière, personne n'y vit plus rien d'étrange.

Faisant un geste de la main comme s'il voulait donner congé au jeune chevalier, le duc ajouta :

— Notre illustre fiancée Marguerite d'York arrivera sous peu d'Angleterre. Durant les fêtes je veux lui donner une suite de gentilshommes les plus illustres de naissance en même temps que les plus élégants et les plus beaux. Restez demain à Bruges, je vous ferai prévenir à la maison de votre mère, et je vous dirai alors quelle place je vous ai destinée dans la suite de ma royale fiancée.

Gautier arrêta son cheval en exprimant ses remerciements pour la faveur extraordinaire que le duc lui témoignait.

Peu de temps après on atteignit le hameau de Nieuwenhove. Là se trouvaient les gardes-chasse avec les chiens tenus en laisse.

Le chef des gardes vint à la rencontre du duc et lui annonça que le cerf avait pris son gîte à un bon quart d'heure de là, dans un épais taillis peu accessible aux chevaux; mais les serviteurs feraient un détour avec les chiens pour chasser le cerf dans la plaine. Là, les nobles chasseurs pourraient le poursuivre de près.

Avec la permission du duc les chiens furent emmenés et le cortège se rendit lentement en rase campagne dans la direction indiquée par le chef-garde.

L'on avait marché longtemps en silence lorsque le duc, se soulevant sur sa selle, dit à haute voix :

— Messires, nous verrons qui, aujourd'hui, aura l'honneur de donner au cerf le coup de grâce.

— Votre Altesse, sans doute. Personne n'est aussi bon cavalier et chasseur aussi habile que Votre Altesse ! s'écrièrent les chevaliers en s'inclinant.

— Oui, je le sais, répliqua le prince en souriant, mais aujourd'hui je ne l'entends pas ainsi. Je suis fatigué ; la chaleur me contrarie beaucoup. Je suivrai la chasse ; mais ne soyez pas étonnés si je reste parfois en arrière.

Un murmure de tristesse, vraie ou feinte, s'éleva parmi les chevaliers.

— Je veux vous prouver, messires, que mes paroles sont sérieuses. Voici, à mon doigt, une bague avec les armes de Bourgogne. Celui qui tuera le cerf recevra ce précieux bijou ; et mon désir est, entendez-vous bien, que le prix soit gagné... L'aboiement des chiens retentit dans le bois ! Ils ont découvert la piste... Attention, messires, je verrai qui de vous est le meilleur cavalier !

Tous les chevaliers s'arrêtèrent pour entendre l'aboiement des chiens. Ils tirèrent la bride à leurs chevaux, caressèrent les animaux impatients, leur firent sentir légèrement l'éperon et leur parlèrent pour leur faire comprendre qu'on allait exiger d'eux un grand effort.

— Tenez, Liedekerke, serrez ceci dans votre gibecière, dit le duc. Cela pourrait m'embarrasser en galopant.

Il ôta le collier de la Toison d'Or de son cou et le tendit à l'écuyer.

Les chiens s'approchaient de plus en plus par le bois et l'on pouvait comprendre à leurs abois redoublés et brefs qu'ils avaient vu le gibier.

Tout à coup le cerf s'élança du taillis à travers la bruyère et passa comme une flèche.

Les chevaliers donnèrent de l'éperon à leurs chevaux et lâchèrent la bride.

Aux acclamations retentissantes, aux cris triomphants accompagnant les fanfares du cor et l'aboiement des chiens, tout le cortège, comme un nuage orageux, poursuivit le gibier... Le duc, excité par les clameurs et entraîné par sa passion innée, resta près de la chasse ; et s'il n'était pas des premiers, il n'était cependant pas le dernier.

Cette course folle dura plus d'une heure ; les nobles chasseurs, sous le feu du soleil ardent, haletaient violemment, la sueur coulait de leurs visages; mais ils n'y songeaient pas et ne quittaient pas des yeux le cerf qui sentait déjà les chiens et qui devait succomber bientôt sous leur attaque furieuse, d'autant plus qu'il semblait chercher un refuge dans une forêt épaisse de haute futaie où il serait immédiatement arrêté avec ses bois dix-cors...

En effet, le cerf cogna violemment de ses cornes contre les premiers arbres du bois; il tomba et déjà les chiens les plus rapprochés voulaient le déchirer; mais la pauvre bête, se voyant en danger de mort, rassembla toutes ses forces, fit un bond de vingt pas au-dessus des chiens et s'enfuit de nouveau sur la bruyère, presque dans la direction du gîte d'où on l'avait chassé en premier lieu.

Les chevaliers éperonnèrent leurs chevaux jusqu'au sang et reprirent leur chasse fiévreuse avec des cris plus sauvages.

Le duc Charles se contentait de suivre

lentement la chasse et il eut bientôt perdu tout le cortège de vue, accompagné seulement de ses deux écuyers.

Il ralentit le pas de son cheval et le dirigea vers la lisière du bois, où il remarqua un chemin étroit, ombragé par des arbres touffus. Il y entra et dit à ses écuyers :

— Quelle chaleur ! Laissez courir les chasseurs ; ils ne tiennent pas encore le cerf. Je veux me promener un peu ici et jouir de la fraîcheur.

Les écuyers, surpris de ce caprice inattendu du prince, le suivirent dans le bois pendant près d'un quart d'heure sans faire la moindre remarque.

Puis le duc se retourna et dit :

— Ingelmunster, donnez-moi à boire, j'ai soif.

Le jeune homme interpellé ouvrit sa gibecière et en tira une bouteille d'osier qu'il tendit à son maître.

— Que contient cette bouteille?

— Du vieux vin, monseigneur.

— Du vin capiteux, du bourgogne, pour un gosier sec? murmura le duc, en portant la bouteille à ses lèvres. Pouah! en outre, il est presque bouillant... Ah! que ne donnerais-je pas en ce moment pour une gorgée d'eau fraîche!

— Votre Altesse n'a qu'à souhaiter! s'écria le plus jeune en s'inclinant. Voyez là-bas, entre ces arbres, la perche d'un puits. Il doit y avoir là une maison.

— J'y cours! dit l'autre écuyer.

— Restez, Liedekerke, commanda le prince. Je veux me reposer un peu dans cette maison et je demanderai moi-même à boire. J'ai si rarement l'occasion de causer incognito avec mes sujets. Vous, sortez du bois et tâchez d'atteindre la chasse. Dès que le cerf sera tué, venez me prévenir. Ingelmunster donnera à boire à mon cheval, le conduira à l'ombre, là-bas, et m'y attendra.

Il descendit de cheval et s'approcha de la petite maison. Comme la porte n'était pas fermée, il n'eut besoin que de la pousser doucement pour l'ouvrir.

Il vit un vieillard de haute taille, assis sur une chaise, le coude sur la table et la main devant la figure. Il semblait dormir.

Le duc s'approcha, lui frappa doucement sur l'épaule et dit :

— Eh ! brave homme, éveillez-vous, il y a quelqu'un qui veut vous demander un service.

Le vieillard leva lentement la tête et montra un visage pâle qui paraissait contracté par un violent chagrin.

Il toisa d'abord l'étranger des pieds à la tête avec une sorte d'indifférence résignée ; mais tout à coup il sauta debout et recula de quelques pas, comme s'il croyait reconnaître un ennemi. Ses yeux étincelaient, ses lèvres tremblaient et il serrait les poings comme pour se préparer à une vigoureuse attaque.

Cette attitude inexplicable étonna beaucoup le prince ; cependant il ne montra pas d'émotion et dit d'une voix douce :

— Vous avez du chagrin, brave homme, et vous semblez craindre que je veuille vous faire du mal ? Vous vous trompez.....

— Lâche bourreau ! tyran inhumain ! cria l'homme avec une sombre rage. Je devrais venger mes enfants sur vous... Mais non, non, partez ! Éloignez-vous de mes yeux ; je veux mourir sans avoir versé le sang humain. Dieu vous punira, scélérat !

Un jeune paysan, qui soignait les vaches dans l'étable, entra tout à coup en courant, et, après avoir jeté un coup d'œil furtif sur l'étranger, il sauta au cou du vieillard pour le retenir. La tête tournée vers le chevalier, il s'écria :

— O seigneur, qui que vous soyez, pardonnez-lui et ayez pitié d'un malheureux père que le chagrin fait délirer !

— Quoi! la souffrance vous aurait-elle dérangé le cerveau, pauvre homme? demanda le duc. Vous m'accusiez d'un méfait envers vous? Je ne vous connais pas, vous ne m'avez probablement jamais vu.

— Non, non, ce seigneur n'est pas le ravisseur! affirma le jeune homme.

Thomas Evertand — car c'était le père de la malheureuse Begga — se calma; le ton franc de l'étranger ne lui permettait pas de douter de sa sincérité. Son visage se détendit tout à fait; il ne trahit plus que l'abattement et une profonde affliction.

— Avant aujourd'hui ce seigneur n'est jamais venu dans ma maison? demanda-t-il. Il n'a jamais vu mes pauvres enfants?

— Jamais! répondit le duc.

— Et qu'est-ce qui amène le seigneur dans mon humble demeure? grommela Thomas dans un nouvel accès de méfiance.

— J'ai été à la chasse avec beaucoup de compagnons. Ils sont maintenant loin d'ici. La chaleur m'a fait chercher la fraîcheur de l'ombre, et c'est ainsi, qu'à ma grande joie, je trouvai votre maison. J'ai soif ; vous m'obligeriez si vous vouliez me donner un gobelet de lait.

Tout à fait tranquillisé par ces paroles amicales le vieillard bégaya quelques mots pour s'excuser. Il dit au jeune homme en se dirigeant vers la porte du fond :

— Lucas, donne un siège à messire.

Le duc refusa cette offre d'un geste ; le jeune paysan se tenait courbé devant lui dans une attitude de respect exagéré.

— Que signifie tout cela ? demanda le duc. Vous avez l'air de me craindre. Croyez-vous donc vraiment que je suis venu ici pour vous faire du mal ?

— Ah ! mon bon seigneur, balbutia Lucas, les mains jointes, que Dieu vous bénisse pour votre générosité ! Nous, qui ne sommes pas même dignes de baiser vos souliers, nous osons...

Mais le retour du père Evertand le força de se taire.

Le vieillard tendit au duc une grande écuelle de lait et dit :

— Messire est probablement chevalier ; mais chacun n'est responsable que de ses propres actions. Que bien vous fasse !

Pendant que le duc portait l'écuelle à ses lèvres et buvait à longs traits, le père Evertand se laissa choir sur une chaise, pencha la tête sous le poids de son chagrin et essuya une larme.

Après avoir bu le duc Charles s'approcha de la table, prit un siège et s'assit près du vieillard.

— Mon ami, dit-il, si je comprends vos paroles obscures, vous auriez à vous plaindre d'une grande injustice ou d'un grand mal fait à vos enfants. Ce jeune homme est-il votre fils ?

— Non, messire, Lucas est un ami, une

bonne âme qui vient me soutenir dans ma misère.

— Ainsi, sans lui, vous languiriez ici tout seul ? Où sont vos enfants ?

Le vieux Thomas jeta un regard au ciel et poussa une plainte, mais il laissa la question sans réponse.

— Allons, parlez, je compatis à votre chagrin. Dites, où sont vos enfants ? répéta le duc.

— J'en avais deux, dit le vieillard en soupirant. Un fils, un vaillant travailleur, un bon cœur.... Une fille pure et belle....

— Oh ! oui, généreux seigneur, s'écria Neliszone, belle comme une rose au printemps : un ange !

— Que leur est-il donc arrivé ?

— Mon fils a été lâchement assassiné.... Ma fille, ma pauvre Begga, a été enlevée de ma maison. Hélas ! la mort vaudrait mieux pour elle ! Au ciel il n'y a ni tyran ni esclave.

— Votre fils assassiné, votre fille enlevée !

s'écria le duc avec une expression d'horreur. Racontez-moi, je vous prie, comment cela s'est passé ?

— A quoi bon, seigneur ? N'êtes-vous pas un noble chevalier ?

— En effet.

— Quel intérêt le malheur ou le désespoir d'un misérable habitant de trou peut-il vous inspirer alors ?

— Quel intérêt, brave homme ? N'êtes-vous pas des hommes comme nous ? Certes, Dieu a assigné à chacun une place déterminée et une tâche spéciale ; mais si les nobles versent leur sang pour la défense de leur pays et de leur souverain, n'est-ce pas votre sueur quotidienne qui nourrit le peuple et les chevaliers ? S'il existe une différence nécessaire entre les nobles et les paysans concernant le droit de commander et le devoir d'obéir, devant la loi au moins tous doivent être égaux.

— La justice et la magnanimité parlent par

votre bouche, noble seigneur. Merci! merci! s'écria Neliszone.

— Ah ! vous êtes certainement étranger dans cette contrée, grommela Thomas haussant les épaules, autrement vous sauriez que dans ce pays il n'y a plus de justice à espérer pour de pauvres gens comme nous.

— Plus de justice à espérer ?

— Aucune.... Pourquoi trembles-tu, Lucas ? Je dis la vérité. Tiens-toi tranquille et laisse-moi parler !

Le jeune homme, effrayé par le regard sévère du vieillard, recula.

— Le chagrin vous fait exagérer le mal, brave homme, dit le duc. Certainement, il y a des seigneurs qui ont le cœur cruel et qui commettent des injustices ; mais il y en a infiniment plus qui n'ont à cœur que le bien-être de leurs vassaux.

— Ailleurs, peut-être ; ici, pas. Comment pourrions-nous obtenir justice ? Nos juges sont nos seigneurs eux-mêmes, et tous estiment si bas le bonheur et même la vie d'un homme du peuple, qu'elle ne vaut pas la peine d'inquiéter un seul instant leurs nobles pareils. Moi, misérable père, j'ai perdu mes deux enfants ; que puis-je espérer encore ? Il ne me reste plus qu'à mourir d'affliction....

— Ah ! nous verrons cela ! s'écria le duc avec indignation. Racontez-moi comment et par qui cette violence fut commise contre vos enfants.

— Ah ! cela ne peut que renouveler mes souffrances !

— Je vous en prie, mon ami ; vous ne regretterez pas votre confiance.

— Qu'il en soit donc ainsi ; écoutez, seigneur.

Et le vieux Thomas raconta comment certains chevaliers, étant à la chasse dans le bois de Wardamme, étaient venus deux fois dans sa maison pendant son absence, et avaient fait rougir sa fille par leurs paroles légères. Sans doute l'un d'eux, à la vue de la jeunesse et de la beauté de Begga, avait conçu un projet criminel ; car, l'ayant trouvée seule à la maison, il avait saisi l'innocente jeune fille, l'avait bâillonnée, jetée sur son cheval et enlevée. Comme il traversait la bruyère avec sa victime, son frère Jacques était accouru et avait tâché de retenir le chevalier pour sauver sa sœur, mais le cruel ravisseur avait percé de son épée le cœur du pauvre garçon.

Pendant ce récit des larmes coulaient des joues du vieillard ; à la fin il ne pouvait presque plus parler.

Neliszone, la tête appuyée contre le mur, sanglotait tout haut.

— Combien de temps y a-t-il que cela s'est passé ? demanda le duc.

— Quatre jours, seigneur. Hier seulement, avec l'aide de ce garçon, j'ai porté le corps de mon fils au cimetière.

— Et cet assassin, ce lâche ravisseur de femme est un chevalier ? En êtes-vous bien certain ?

— Tout à fait certain, seigneur ; deux serviteurs armés le suivaient.

— Son nom ?

— Je ne le connnais pas, messire ; je n'ai pas vu son visage.

— Et où a-t-il conduit votre fille ? Ne l'a-t-on pas recherchée ?

— Où pouvais-je chercher, messire ? Laisserait-on pénétrer un misérable comme moi dans les châteaux ? Ah ! si j'osais seulement faire connaître le but de mes recherches, les serviteurs me repousseraient à coups de bâton. Un manant exiger ou demander seulement que justice lui soit rendue contre un chevalier ! C'est un crime, n'est-ce pas ?

Le duc contenait avec peine sa colère, qui était encore plus excitée par l'ironie désespérée du vieux paysan.

— De qui êtes-vous serf? demanda-t-il.

— Je suis homme libre, seigneur.

— Que signifie cela? Si pauvre et être libre!

— Né libre de père en fils.

— Je ne vous comprends pas. Ce n'est pas là ce que je voulais vous demander. Sur quelle terre seigneuriale se trouve votre maison?

— Sous Winghene, seigneur.

— Eh bien! à Winghene, comme ailleurs, il doit y avoir un bailli qui a pour devoir de rechercher les malfaiteurs au nom du prince.

— Je me suis présenté chez le bailli, seigneur, pour me plaindre de mon malheur.

— Et il vous a dit qu'il allait immédiatement commencer ses recherches?

La même expression de raillerie découragée crispa les lèvres du vieillard pendant qu'il secouait négativement la tête.

— Il a refusé? s'écria le duc.

— Non, seigneur; mais il a essayé de me

convaincre qu'il n'y avait pas de justice à attendre pour moi, et il m'a prié et supplié de ronger mon frein en silence ; car si l'on ébruitait cette affaire, il pourrait en coûter à lui son emploi et à moi la vie.

— Damnation ! Et on appelle cela de la justice !

— Il ne refusa pas positivement, seigneur ; le bailli est un homme bon, mais il ne peut cependant pas faire l'impossible. Il recherchera prudemment, et s'il découvre le ravisseur de ma fille, il le priera d'avoir pitié de son malheureux père.

— Mais, si le bailli ne peut pas vous faire obtenir justice, le duc n'est-il pas là, comme juge suprême en Flandre ? Adressez-vous à lui, il vous écoutera.

— Je lui ai dit cela dix fois, généreux seigneur, fit remarquer Neliszone. Notre prince a bon cœur et il est juste.

— Le duc ? répéta Thomas Évertand avec

une expression de doute ironique. J'irai à Bruges, oui ; je tâcherai de l'approcher ; mais, seigneur, vous ne savez pas, sans doute, où en sont les affaires à la cour de notre duc ? J'ai consulté beaucoup de gens à Winghene là-dessus ; tous ont essayé de me retenir et m'ont presque convaincu que je ne dépasserais pas même le seuil du palais du prince. En effet, ceux qui entourent le duc comme une impénétrable garde du corps, sont des gentilshommes, n'est-ce pas ? En outre, comment notre prince, qui ne paraît songer qu'aux fêtes, tournois et festins, aurait-il le temps de se...

— Taisez-vous, insolent ! interrompit le duc tremblant de colère. Parlez avec plus de respect de votre souverain ! Ne craignez-vous pas qu'il apprenne le langage téméraire que vous osez tenir contre lui !

Neliszone, courbé jusqu'à terre, demandait pardon en tremblant.

— Du respect ! murmura Thomas. J'ai toujours respecté nos princes et même, par sentiment du devoir, je les ai aimés sans les connaître. En ce moment, près de la tombe encore ouverte de mon fils, pensant au sort plus affreux de ma pauvre Begga, maintenant je les accuse de négligence et d'injustice... Et que craindrais-je encore ? La mort serait une faveur pour moi !

— Votre douleur vous rend excusable, dit le duc plus calme. Vous avez cependant tort de croire que notre prince refuserait de vous rendre justice, fût-ce même contre un illustre gentilhomme. Je connais le duc ; je suis un de ses officiers les plus intimes et je lui parlerai de votre malheur. Soyez-en sûr, il fera rechercher votre fille et il la trouvera, son ravisseur l'eût-il cachée à cent lieues d'ici.

— Oh ! si je pouvais serrer ma fille dans mes bras, je bénirais le duc jusqu'à mon dernier soupir ! s'écria le vieillard.

— On vous a trompé, brave homme, reprit

le prince. Deux ou trois fois par semaine le duc tient audience publique dans son palais et il reçoit avec la même bienveillance les plaintes des chevaliers et des gens du peuple. Mais ne faites pas de nouvelles tentatives. Je serai votre interprète auprès de lui. Peut-être voudra-t-il vous voir. Dans ce cas, un de ses serviteurs viendra vous chercher pour vous conduire au palais.

— Merci, mille fois merci !

— Malheureusement vous ne connaissez pas le ravisseur. Ah ! si je pouvais apprendre son nom au duc, il serait fait justice immédiate et dès demain, peut-être, votre fille serait revenue.

— Le bailli de Winghene connaît le ravisseur, seigneur.

— Et il ne vous a pas dit son nom.

— Il n'a pas osé me le révéler.

Le duc trépigna d'impatience et demanda :

— Êtes-vous bien sûr que le bailli, sur

l'ordre du duc, pourrait dire qui a commis le double méfait contre vous ? Comment pouvez-vous le savoir ?

— C'est une circonstance que je ne vous ai pas fait connaître, seigneur, répondit Thomas. Lorsque, le lendemain du crime, j'errais comme un fou autour de ma maison, je trouvai non loin du puits un anneau d'or qui, assurément, avait été perdu par le ravisseur, lorsque, malgré sa résistance, il traîna ma fille vers son cheval. J'ai montré cet anneau au bailli ; la vue de ce bijou le fit pâlir et je remarquai bien dans ses yeux que la haute qualité du ravisseur le frappait de terreur.

— Où est l'anneau ? vite, montrez-le-moi.

— Le bailli a refusé de me le rendre.

— Mais puisqu'il a reconnu le propriétaire de l'anneau, il devait s'y trouver probablement certaines marques ?

— Oui, seigneur, trois oiseaux d'or sur une pierre bleue.

— Des oiseaux? Quels oiseaux?

— Le bailli les a nommés des faucons.

— Des faucons? Trois faucons sur azur? Est-il possible ! A qui encore se fier en ce monde? O l'hypocrite ! Il saura ce que c'est que de faire haïr le nom de son prince ! Consolez-vous, brave homme ; nous sommes aujourd'hui mercredi ; avant que la semaine soit écoulée vous serrerez votre fille sur votre cœur. Ne doutez pas ; c'est comme si votre souverain lui-même vous parlait par ma bouche, car...

L'arrivée de son écuyer l'interrompit.

— Gracieux seigneur duc, annonça-t-il, le cerf est tué...

— O mon Dieu ! notre illustre souverain ! s'écria Thomas Evertand tombant à genoux. Qu'ai-je fait ?

Neliszone rampa par terre jusque auprès du duc et élevant les bras en tremblant, il s'écria :
— Pardon, pardon !

— Levez-vous, vous n'avez pas besoin de

pardon, dit le prince. Je tiendrai parole et vous verrez s'il est vrai que la vie d'un pauvre mais honnête homme du peuple ne vaut pas la vie d'un assassin de haute naissance.

A ces mots le duc marcha vers la porte ; de là il ordonna au vieillard et au jeune homme de se lever ; mais ils restèrent agenouillés et profondément courbés, répétant indistinctement les mots : — Merci ! pardon !

— Qui a donné le coup de grâce au cerf ? demanda le duc à son écuyer.

— Messire Van der Hameide.

— Hameide ? Hameide, répéta le duc avec une sorte d'aversion. Hameide ! Ah ! ah ! Il aura la bague, il y a de la place à ses doigts...

Et se dirigeant vers la porte il ajouta en lui-même :

— Mais aussi vrai que Dieu est juste il ne la portera pas longtemps.

En prononçant ces paroles irritées, il quitta

la maison, sauta à cheval et rentra dans le chemin creux.

Au commencement, ses écuyers n'osèrent pas parler, car il paraissait très courroucé; mais enfin Liedekerke s'enhardit à lui dire :

— Avec votre permission, monseigneur, le cerf se trouve derrière nous; nous nous éloignons de la chasse.

— Retournez-y, annoncez aux chasseurs que je dois me rendre immédiatement à Bruges pour une affaire de grande importance et qui ne souffre pas de retard. Que personne n'essaie de m'approcher aujourd'hui; je ne suis pas visible de toute la journée... Allez, Liederkerke, remplissez votre mission; et vous, Ingelmunster, donnez de l'éperon à votre cheval et suivez-moi !

III

Il était à peine huit heures du matin lorsqu'un chevalier passa au petit trot sous la porte Sainte-Catherine. Il paraissait absorbé dans ses pensées ; car il laissait pendre nonchalamment la bride et ne regarda même pas une seule fois devant lui pour s'orienter. Si, à cette heure matinale, il y avait eu plus de monde sur pied, son cheval, quoique habitué à suivre ce chemin, aurait bien certainement renversé des bourgeois.

Il passa avec la même hâte par la rue Sainte-Marie et traversa le marché sans modérer le trot de son cheval, jusqu'à ce qu'il s'arrêtât dans la rue Haute, devant une grande maison qu'à ses tourelles et à ses girouettes étincelantes on reconnaissait pour un château de chevalier.

On devait l'avoir entendu de l'intérieur, car la porte cochère s'ouvrit immédiatement toute grande. Le cavalier entra à cheval dans la cour, mit pied à terre, confia son cheval au palefrenier et demanda à un autre serviteur qui le salua du nom de messire Gautier :

— Étienne, ma mère est-elle là ?

— Non, messire, madame votre mère est allée avec mademoiselle Alcidis à l'église Ste-Walburge ; mais le service sera bientôt terminé.

— C'est bien.

— Votre seigneurie n'a-t-elle rien à m'ordonner ?

— Non, qu'on me laisse seul.

A ces mots, il entra dans la maison et, arrivé dans une vaste salle, il s'assit sur une chaise près de la fenêtre. Après avoir réfléchi quelques instants, il se leva et se mit à marcher de long en large dans la chambre avec des signes visibles d'inquiétude ou d'impatience.

A peine eut-il repris sa place sur la chaise qu'un bruit à la porte le fit lever. Avant qu'il eût fait un pas, deux dames, — une vieille et une jeune — accoururent et lui sautèrent au cou avec des cris de joie.

— Gautier! mon cher Gautier! s'écria la noble dame Van der Hameide, mon cœur aspirait après ton arrivée! Je te félicite, mon cher fils, quel glorieux avenir te promet la haute faveur de notre gracieux souverain!

— Cet honneur rejaillit sur toute notre maison. Tu ne le croirais pas, mon frère, mais déjà nous en avons des preuves! dit mademoiselle Alcidis en battant des mains.

—Vous savez donc ce qui m'est arrivé hier à la chasse? demanda le chevalier. Cela m'étonne.

— Comment? Cela s'est passé en présence de plusieurs personnes, dit la noble dame. Nous avons appris de la bouche de messire

Ingelmunster les propres paroles du duc, si flatteuses et si honorables pour toi et pour nous tous ! Tu vas, avec un petit nombre d'illustres chevaliers, être attaché à la personne de la royale fiancée de notre prince. N'en es-tu pas fier et heureux ?

— Oui, ma mère ; c'est une grande faveur, balbutia Gautier presque avec indifférence.

— Et la magnifique bague que tu as gagnée malgré tant de chevaliers ! s'écria Alcidis. Ah ! elle restera un précieux souvenir dans notre famille.

Elle prit son frère par les mains et demanda avec surprise :

— Eh bien ! Où est la bague que monseigneur le duc t'a donnée ?

— Je ne possède pas encore la bague, répondit Gautier. Notre gracieux seigneur a dû quitter la chasse pour affaires d'État très urgentes, avant que la bête fût tuée ; mais il m'a dit qu'il me ferait appeler à la cour aujourd'hui, pour me faire connaître quelle fonction j'aurai à remplir près de son illustre fiancée. Il me remettra la bague en même temps.

— Allons, mes enfants, asseyons-nous, dit madame Van der Hameide, et causons un peu plus à loisir de ces belles choses..... Mais qu'as-tu, cher Gautier? Le bonheur te laisse-t-il donc insensible? Tu sembles préoccupé?

— Un peu de lassitude, ma mère, répondit-il. Ça passera.

Ils s'assirent l'un près de l'autre.

— Maintenant, Gautier, raconte-nous toi-même comment le duc te fit appeler, ce qu'il te dit, ce que tu lui répondis..... et comment tu devanças tous tes compagnons à la chasse et donnas le coup de mort au cerf?

— Ah! je suis bien fatigué et j'ai la tête bien lourde, ma mère. Accordez-moi un peu de repos; je vous raconterai tout dans la journée.

— Nous t'avons attendu hier tout l'après-dîner, fit remarquer la jeune demoiselle. Chaque fois qu'il se faisait du bruit dans la rue, je me levais avec une impatience joyeuse et les bras ouverts pour t'embrasser et te féliciter ; mais tu n'es pas venu hier, mon frère. Je n'ai pas pu dormir de toute la nuit. Ce n'est pas bien.

— C'était pénible, en effet, Gautier, ajouta la mère d'un ton de tendre reproche. Tu pouvais certes bien penser que ta mère désirerait ardemment te serrer contre son cœur et se réjouir avec toi de la bienveillance du duc.

— Oui, ma mère, répondit le jeune homme après quelque hésitation ; je le sentais bien et mon plus grand désir était d'accourir à Bruges pour vous apporter le premier de tous la bonne nouvelle ; mais il y a une circonstance qui m'en a empêché. Jugez-en : le duc vient demain ou après-demain me rendre visite à Hersberge...

— Ciel ! serait-il possible ! s'écrièrent les deux dames la joie et la fierté dans les yeux. Un honneur aussi grand, une faveur aussi inaccoutumée de la part de notre redouté souverain? Tu vas devenir son favori !... Nous devrons être présentes à Hersberge.

— Non, non, ce n'est qu'une visite d'un instant pendant la chasse. Le duc m'a défendu de montrer d'une façon quelconque que j'étais prévenu d'avance de son arrivée. Toutefois, ma mère, je ne pouvais pas me dispenser de faire tout arranger à Hersberge et même de m'assurer si mes ordres sont convenablement exécutés. C'est pour cela que je n'ai pu venir hier après-midi à Bruges, et c'est également le motif pour lequel je suis un peu inquiet. Vous comprenez, n'est-ce pas, que cette visite princière m'occupe l'esprit?

— Sans doute, mon fils ; mais elle doit te réjouir au plus haut point. Beaucoup de chevaliers, et des plus illustres, envieront ton bonheur; car, chacun le sait, notre seigneur duc n'est pas prodigue de pareilles faveurs. Oh! si ton bon père vivait encore! Lui, qui mettait toutes ses espérances dans l'avenir de son fils unique...

— Adolphe ne viendra-t-il pas ce matin? interrompit tout à coup le chevalier, comme s'il n'avait pas écouté les paroles de sa mère.

Elle le regarda avec une expression de surprise et de reproche.

— Ne m'en veuillez pas, chère mère, dit-il, j'ai l'esprit un peu troublé. Je dois absolument parler à Adolphe ce matin. Ne viendra-t-il pas?

— Sois donc tranquille, mon frère, répondit Alcidis. Adolphe a promis de venir aujourd'hui de très bonne heure pour te féliciter. L'heure qu'il avait fixée est déjà passée... En attendant, je veux t'annoncer une chose qui te fera probablement plaisir. Hier, après midi, notre mère a été appelée à la cour près de la duchesse-mère. Là, on lui a dit quelles fonctions nous aurons à remplir aux noces de nos princes. Notre mère ira, avec les nobles dames les plus illustres, à la rencontre de la royale fiancée jusque hors la porte de la Croix ; et moi, Gautier, je devrai me tenir à toutes les cérémonies dans la compagnie de la jeune Marie de Bourgogne et ne jamais la quitter. Nous devons cela à toi, cher frère. Un grand honneur pour nous tous, n'est-ce pas ?

— J'en suis bien heureux, dit-il. Pourvu qu'Adolphe ne tarde pas trop longtemps.

— Gautier, sais-tu qui est venu ici hier, vers le soir, sous prétexte de me féliciter ? demanda madame Van der Hameide en souriant :

— Madame Van Roode avec sa fille ?

— Sans sa fille, Gautier. Ne comprends-tu pas le but de sa visite ?

— Oh ! cela m'est indifférent.

— Tu as tort, mon fils ; mademoiselle Van

Roode est l'unique héritière d'immenses propriétés. Sa maison est ancienne et illustre ; elle se distingue par la beauté de son visage et elle est très renommée par ses gracieuses manières de cour. Tu ne pourrais souhaiter un mariage plus avantageux, même si monseigneur le duc t'élevait au faîte de sa faveur. La jeune demoiselle Van Roode témoigne une affection particulière pour toi. Donne ton consentement et elle devient ta fiancée.

— Ah ! ma mère, mon cœur est rempli de trop de soucis maintenant pour songer à pareille chose.

— Tu dois pourtant te marier un jour, Gautier ?

— Oui, mais pas encore ; plus tard, chère mère, plus tard... Dans quelque temps j'y penserai sérieusement.

— Ce serait une chose étonnante, s'écria la jeune fille en riant, si je me mariais avant mon frère ! Oui, Gautier, ne me regarde pas ainsi,

Adolphe ne demande pas mieux, et si notre mère ne trouvait pas que je suis encore trop jeune... Ah! Dieu soit loué! j'entends ouvrir la porte : c'est certainement messire d'Eerneghèm.

Un jeune chevalier à la figure douce et aimable entra dans la pièce, s'inclina devant chacun en particulier et prit Gautier par les mains.

— Oh! mon ami, s'écria-t-il, je te félicite du plus profond de mon cœur ! Je ne doute pas que tout ce que messire de Liedekerke m'a dit de la bienveillance du duc à ton égard ne soit la vérité. Il était présent et il a tout entendu, n'est-ce pas?

— Je te remercie de ta bonne affection, Adolphe, répondit messire Van der Hameide. C'est la vérité : notre gracieux souverain m'a témoigné beaucoup de bonté.

Adolphe prit aussi la main de la jeune fille.

— Que vous devez être contente, ma chère

Alcidis, du bonheur de votre frère ! s'écria-t-il, car vous l'aimez tant.

La jeune fille allait répondre, mais Gautier ne lui en laissa pas le temps.

— Ma mère, ma sœur, ne m'en veuillez pas si j'emmène mon ami Adolphe au jardin. Je dois lui parler immédiatement d'affaires d'État qui concernent le service du duc et que je ne puis confier qu'à lui... Messire d'Eerneghem veut-il me suivre !

— Quoi ! mon frère, tu nous laisses toutes seules ! Cela durera-t-il longtemps ? murmura Alcidis.

— Quelques instants seulement. Nous revenons immédiatement.

Adolphe, étonné du ton mystérieux de son ami, le suivit sans mot dire jusqu'au milieu du jardin, sous un berceau de verdure.

— Monseigneur le duc t'a-t-il en effet chargé de me confier une affaire secrète ? demanda messire d'Eerneghem.

— Ce n'est pas cela. Le duc vient me rendre visite demain ou après-demain à mon château.

— Une telle marque de faveur! Tu es bien heureux, Gautier.

— Oui, mais ne comprends-tu pas que cette visite me remplit d'inquiétude?

— En effet. Tu veux dire que le prince pourrait découvrir l'oiseau qui y est enfermé. Mais si elle reste de son plein gré à ton château...

— De plein gré! C'est une étrange jeune fille; un homme ne montrerait pas plus de courage. J'ai essayé de tous les moyens pour l'amadouer : de somptueux habits et des bijoux. En vain... Hier soir je voulus m'approcher d'elle pour lui prendre la main; elle tira un couteau de son sein et m'en aurait percé le cœur, si je ne m'étais pas rejeté en arrière. Comment elle est parvenue à avoir ce couteau, personne ne le sait. Il ne fallut pas moins de quatre de mes serviteurs pour le lui arracher de force.

— Oui, cette race est ainsi, dit Adolphe, indomptable et fière dans sa bassesse et sa misère. J'ai beaucoup de ces habitants de trous, de ces maraudeurs, dans mes terres ; le mieux est de les laisser en paix ; car, par vengeance, ils incendieraient les bois ou assassineraient mes serviteurs dans quelque coin.

— Elle n'a pas voulu manger depuis son arrivée à mon château, reprit messire Van der Hameide. Je ne comprends pas comment elle peut y résister si longtemps. Si elle allait mourir, Adolphe ?

— C'est ce qu'il y aurait de mieux pour elle et en même temps pour toi : tu en serais délivré.

Un geste d'impatience de son ami surprit messire d'Eerneghem.

— Ne m'as-tu pas dit toi-même, Gautier,

que l'enlèvement de cette jeune fille du peuple n'était qu'un caprice.

— En effet, je l'ai dit. Mais il n'en est plus ainsi. Sa résistance me provoque et blesse mon orgueil. Depuis qu'elle est à mon château, je ne lui ai même pas pris la main. Je ne comprends pas quelle influence cette jeune fille exerce sur moi ; mais je m'approche d'elle avec une sorte de respect et je tremble sous son regard courroucé.

— Du respect pour une roturière ! dit Adolphe en riant. Serait-il possible ! Le fier chevalier Gautier Van der Hameide trembler devant la fille d'un habitant de trou ? Que serait-ce ? De l'amour ?

— Tu railles, mon ami ; me crois-tu capable de choisir pour l'objet de mon amour une jeune fille de si basse naissance ?

— Qu'est-ce alors ?

— Je ne puis l'expliquer ; mais ce sentiment est plus fort que ma volonté... Maintenant le duc vient à mon château ; cette visite m'inquiète profondément ; mon cœur est rempli d'émoi.

— Eh bien ! mets la jeune fille à la porte de ton château et laisse-la aller en liberté.

— Impossible, Adolphe. Plutôt que de la perdre maintenant je sacrifierais la moitié de mes biens ! s'écria messire Van der Hameide avec force.

— Est-ce ainsi ? dit ironiquement Adolphe. Alors il ne reste qu'à attendre avec tranquillité la visite du duc. Cache ta prisonnière dans une cave de ton château.

— Au bruit de tant de visiteurs elle pourrait appeler à l'aide. Si le duc la découvrait ?

— Il rirait de l'affaire. Quel intérêt pourrait lui inspirer une fille du peuple, sans naissance ? Encore si elle était la fille d'un bourgeois ; mais l'enfant d'un vil habitant de trou.

Gautier hocha la tête avec inquiétude.

— Si notre duc voyait la jeune fille il serait indubitablement pris de pitié, dit-il. Tu ne peux t'imaginer, Adolphe, quel effet ses yeux noirs font sur sa figure impressionnable, maintenant qu'elle est blanche comme une toile.

— Et que pourrait faire le duc, au pis aller? T'ordonner de laisser retourner librement la jeune fille chez son père? Eh bien! tu obéirais, et tout serait fini.

— Je veux éviter ce danger. Je ne la laisserais aller pour rien au monde. Le duc ne peut pas la voir.

— Cache l'oiseau dans une autre cage, Gautier.

— Ah! tu m'as compris, Adolphe. C'est, en effet, le seul moyen pour moi d'attendre avec tranquillité la visite du duc. Mais pour pouvoir l'employer j'ai besoin de l'aide d'un ami fidèle; tu ne t'étonneras donc pas si j'ai songé à toi avant tout.

— A moi ? Que veux-tu dire ? murmura Adolphe avec inquiétude. Désirerais-tu que je me chargeasse de la jeune fille ?

— Je voulais te prier de la conduire à ton château d'Eerneghem et de la cacher là jusqu'à ce que la visite du duc soit passée ou aussi longtemps que j'aie à craindre une pareille visite. Le vingt-cinq de ce mois la royale fiancée, Marguerite d'Yorck, arrive à l'Écluse. Alors de longtemps notre seigneur duc ne pourra songer qu'aux festivités. Donc pour huit jours seulement.

— Moi ? je ne sais que te dire, balbutia messire d'Eerneghem. Une fille enlevée dans mon château ! Je ne tiens pas à ces aventures. Que penseraient mes serviteurs ?

— L'opinion de tes serviteurs peut-elle t'empêcher de faire ta volonté ? Dis que c'est une prisonnière qui t'est confiée pour raison d'État. On verra bien qu'elle t'est tout à fait indifférente.

— Mais, Gautier, si ta sœur — l'on ne peut pas savoir comment — apprenait la présence de cette jeune roturière à mon château ?

— Ne serais-je pas là pour prendre la faute sur moi et prouver ton innocence ?

— Et si le duc ?

— Que signifierait cela, Adolphe ? Depuis quand est-ce un crime de rendre service à ses amis ? Dans ce cas tu peux franchement me nommer... Refuses-tu, parle !

— Je ne refuse pas ; mais sois-en certain, cette mission m'est très désagréable. Être le geôlier d'une malheureuse jeune fille qui ne fait que se lamenter et pleurer ! Elle est de basse extraction, mais mon cœur est compatissant.

— Tu n'as pas besoin de rester à ton château, Adolphe. Tu as bien sûr quelques serviteurs à qui tu peux te fier. Cela suffit, ordonne-leur de surveiller de près... Tu hésites ? Je me serais donc trompé sur ton affection pour moi et sur ton courage? Eh bien! n'en parlons plus. Je chercherai un autre ami.

— Non, non, j'accepte! s'écria Adolphe comme si la menace de Gautier l'effrayait. Je remplirai la tâche que tu m'imposes avec zèle et loyauté.

Messire Van der Hameide lui serra la main.

— Merci, Adolphe, dit-il, je prévoyais tes objections; mais je savais bien que je n'avais pas compté à tort sur ton dévouement.

— Tu désires que je reçoive la jeune fille à mon château? Quand?

— Aujourd'hui même, avant la nuit. Le duc peut venir demain à Hersberge. Mon désir est qu'après avoir passé une partie de la matinée avec ma sœur et ma mère pour ne pas éveiller de soupçons, tu fasses sceller ton meilleur cheval et que tu partes pour Hersberge. Mes serviteurs ne connaissent pas mon intention; mais j'ai dit à mon majordome que si tu te présentais aujourd'hui à mon château, chacun devait t'obéir comme si tes ordres sortaient de ma propre bouche. Cela suffit. Tu te feras accompagner de quatre de mes serviteurs armés, comme escorte, et tu mèneras la jeune fille à Eerneghem. Envoie d'avance, en mon nom, un messager pour ordonner qu'on prépare le chariot couvert.

— N'as-tu plus rien à me dire, Gautier? Dépêche-toi alors, car je vois là-bas mademoiselle Alcidis qui me fait des signes d'impatience.

— Encore une prière, Adolphe. Ta prisonnière est bien une roturière ; mais tu la respecteras et tu la feras respecter, n'est-ce pas?... C'est bien, merci. Fais signe maintenant à ma sœur qu'elle peut venir. Ne fais semblant de rien et montre-toi joyeux comme d'habitude ; je tâcherai également de paraître gai, maintenant que mon cœur est soulagé de ce lourd fardeau.

Les nobles dames entrèrent dans le jardin, Alcidis demanda en riant :

— Ces messieurs ont-ils fini avec leurs secrets d'État? C'est bien heureux. Causons maintenant de choses plus agréables.

— Oui, parlons un peu des prochaines fêtes nuptiales, dit madame Van der Hameide. On en dit monts et merveilles; mais personne ne semble connaître la vérité. N'en as-tu rien appris à la chasse, Gautier?

— Rien, ma mère, que des détails incertains : l'un dit ceci, l'autre dit cela.

— Et vous, Adolphe?

— Moi, je sais beaucoup, beaucoup! répondit messire d'Eerneghem. Hier soir, messire Van Gruuthuuse m'a raconté toutes les merveilles imprévues que les fêtes du mariage de notre prince mettront au jour. On les tient secrètes autant que possible pour surprendre les illustres invités.

— Oh! Adolphe, racontez-les-nous aussi! dit la jeune fille curieuse.

— Écoutez donc. Notre nouvelle duchesse

fera son entrée par la porte de la Croix. La rue Longue sera complètement tendue de soie et de draps d'or. De distance en distance on représentera des mystères faisant allusion au mariage du duc, comme Dieu qui donne au Paradis terrestre notre première mère Ève en mariage à Adam; la belle Cléopâtre qui offre sa main à l'empereur Antoine... et ainsi de suite. Mais vous connaissez déjà beaucoup de ces choses-là. Le tournoi dépassera en splendeur tout ce qu'on aura jamais vu en ce genre. Il y aura au milieu de la grand'place un arbre avec un tronc et des feuilles d'or. Au pied de l'arbre sera couché un formidable géant chargé de chaînes et gardé par un nain. Un courrier, un sauvage, apportera une lettre de la reine de l'Ile Inconnue, dans laquelle elle promet le prix du jeu au chevalier qui délivrera le géant; Adolphe Van Cleef, seigneur de Ravestein, sera le premier qui tentera l'aventure...

— Il me semble que je le vois déjà ! s'écria Alcidis les bras levés. Ces centaines de chevaliers aux armes étincelantes, sur leurs chevaux piaffants et écumants ! Et dans les tribunes, tout autour de la place, toutes les nobles dames vêtues de satin, de damas et de draps d'or, couvertes de diamants et de rubis !

— Tout cela n'est rien cependant auprès des merveilles qu'on verra au festin de noces, reprit Adolphe. Il y paraîtra une licorne avec un léopard sur le dos. Les deux animaux seront comme vivants et tous leurs membres remueront. Le léopard présentera au duc une fleur que nous nommons *madelieve* et les Français *marguerite*. Elle est donc l'emblème de l'illustre fiancée. Puis entrera un lion d'or qui chantera une chanson en l'honneur de la nouvelle duchesse. Ces merveilleuses apparitions auront à peine quitté la salle, que l'on verra entrer une baleine d'une soixantaine de pieds de longueur, accompagnée de deux géants. La baleine remuera les nageoires et la queue et ouvrira la gueule, d'où sortiront douze sirènes qui chanteront et douze chevaliers qui danseront.

Les nobles dames étaient suspendues aux lèvres du conteur.

— Ce n'est pas tout, dit Adolphe, vous allez entendre...

Il fut interrompu par l'arrivée d'un domestique qui annonça à haute voix :

— Un messager de notre seigneur le duc!

En effet, un homme portant une masse d'armes couronnée le suivait :

— De la part de notre redouté seigneur, Charles, duc de Bourgogne et de Brabant, comte de Flandre, dit-il, messire Gautier Van der Hameide est invité par la présente à se rendre immédiatement à la cour.

Après avoir rempli cette mission, il salua et partit.

— Je dois me hâter, ma mère.

— Tu reviendras ici, n'est-ce pas ?

— Sans retard, pour vous annoncer ce que monseigneur le duc m'aura dit.

— Et tu me montreras la bague, Gautier ? s'écria Alcidis.

— Oui, ma sœur ; elle sera trop grande, sans cela je la passerais à ton doigt. Allons, à tantôt.

En se dirigeant vers la porte, il fit signe à son ami, lui serra encore la main et lui demanda :

— Je puis compter sur toi, Adolphe ?

— Comme sur toi-même, sois tranquille.

— Adieu alors, à demain !

Et il se hâta de se rendre à la cour.

IV

Le duc Charles était assis seul dans une salle de son palais, le coude posé sur la table et la tête dans la main. Un sourire amer contractait par moments ses lèvres.

La pièce n'était pas grande ni bien meublée. C'était là que le prince venait réfléchir dans la solitude aux importantes affaires d'État.

De vieux tapis représentant des scènes de l'histoire héroïque des Grecs ornaient les quatre murs. Tout le mobilier était de forme sévère et sans le moindre éclat ; car, si le duc Charles exigeait dans les cérémonies publiques de ses courtisans et de tous les chevaliers qui l'approchaient, le plus grand luxe, lui-même, au contraire — autant dans son costume que dans les objets à son usage personnel — montrait une grande simplicité ; il avait cela de commun avec le roi Louis XI.

Il n'y avait dans la chambre qu'un seul objet digne d'attirer l'attention par sa beauté artistique. C'était une pendule d'or et d'argent, délicatement émaillée. Devant le brillant cadran se trouvait la statuette d'un forgeron, les bras nus et un lourd marteau en mains, qui battait les heures sur son enclume.

De temps en temps le duc jetait un regard sur cette horloge, comme si la marche lente des aiguilles l'impatientait.

La porte s'ouvrit et un serviteur parut.

— Eh bien ! Martin, demanda le prince, maître Antoine ne viendra-t-il pas bientôt ?

— Que Votre Altesse veuille l'excuser. Maître Antoine cherche les livres que Votre Altesse désire voir. Il sera bientôt ici.

— C'est bien, donnez-moi ma robe et mettez-moi mon chaperon ; il est déjà huit heures et demie et j'ai à m'entretenir longtemps avec maître Antoine...

Le serviteur obéit en silence.

— Dès que maître Antoine se montrera, vous me laisserez seul avec lui et vous veillerez devant la porte pour que personne ne nous dérange.

A peine avait-il prononcé ces paroles qu'un homme déjà vieux, aussi habillé tout de noir, les cheveux gris et la figure maigre, pâle et froide, se montra sur le seuil de la porte. Il portait un livre et une grosse liasse de papiers sous les bras.

C'était maître Antoine Michel, jurisconsulte habile et conseiller intime du duc Charles, qui l'aimait pour son esprit austère et sa franchise sans bornes.

Antoine Michel était né de parents roturiers, mais par sa science profonde, il avait su s'élever si haut dans la faveur du prince, que beaucoup de chevaliers regardaient son bonheur avec envie. On l'accusait d'instiguer le duc à enlever aux seigneurs féodaux des privilèges dont ils avaient joui sans contestation sous Philippe le Bon.

— Maître, asseyez-vous près de la table, en face de moi : j'ai quelque chose à vous demander.

Le vieillard s'assit à la place désignée.

— Dites-moi, quelle est la punition légale d'un meurtre ?

Antoine Michel regarda le duc avec un sourire qui semblait vouloir dire : — Votre Altesse le sait bien.

— Répondez-moi ! ordonna le prince.

— La punition d'un meurtre, monseigneur ? La mort, murmura le jurisconsulte.

— Ainsi, celui qui prend la vie d'un autre doit perdre la vie.

— Oui, monseigneur, c'est la loi du talion, qui règne depuis des siècles chez la plupart des peuples et qui est même annoncée dans les saintes Écritures : dent pour dent, œil pour œil.

— Mais il y a des comtés ou des villes qui ont cru devoir tempérer par la loi l'application d'une peine si dure. Qu'en dit, par exemple, le droit de Bruges ?

Maître Antoine feuilleta un instant un des livres manuscrits qu'il avait apportés. Ayant trouvé le passage cherché, il répondit :

— Voici, seigneur, l'ordonnance accordée en 1190, par Philippe, comte de Flandre, à sa bonne ville de Bruges. Cette ordonnance est encore l'origine et le fondement du droit public dans cette partie de l'État. Je lis à l'article XVI, ce paragraphe : *Qui vero occiderit hominem, caput pro capite dabit.* Celui qui tuera un homme donnera tête pour tête.

— Comment se fait-il alors, maître Antoine, que quand un noble chevalier a tué un homme du peuple, on ne le condamne, ici à Bruges et peut-être dans toute la Flandre, qu'à une amende envers le seigneur et à une indemnité aux parents de la victime?

— C'est une lourde injustice, un abus, seigneur duc, provenant de la supériorité accablante et toujours croissante des seigneurs féodaux. Les échevins des villes, les baillis et les drossarts à la campagne n'osent plus appliquer les lois. Le libertinage des mœurs, pendant le règne de feu monseigneur votre père, — pardonnez-moi ma hardiesse par amour de la vérité, — le libertinage et l'arrogance des seigneurs féodaux et des chevaliers, ont obscurci l'idée de la justice, aussi bien chez ceux qui doivent haïr l'injustice, que chez ceux qui doivent en souffrir.

— Le texte clair et juste de la loi défend donc, en matière de crimes, de faire une différence entre nobles et manants.

— Oui, monseigneur, pour des méfaits contre la vie de notre prochain, oui : œil pour œil, dent pour dent. Dieu est le père de tous les hommes sans distinction ; vous, prince redouté, — son représentant sur la terre, près de votre peuple — vous êtes le père de tous vos sujets, et vous devez rendre égale justice à celui d'entre eux qui, selon ses moyens, vit honnêtement et remplit ses devoirs.

— Ah ! maître Antoine, s'écria le duc avec une colère contenue, je n'ai pas besoin d'une pareille leçon. Oui, je suis le père de tous mes sujets, et si le ciel me laisse vivre encore assez longtemps, je montrerai au monde entier que je le sais.

Il resta un instant le regard fixé à terre.

— Ainsi vie pour vie... et à cette règle il n'y a pas d'exception, absolument aucune ?

Cette insistance inaccoutumée du prince étonna maître Antoine au plus haut degré. Il tenta d'en approfondir les raisons et sembla s'absorber dans ses réflexions.

— Vous vous taisez? dit le duc. Eh bien?

— Avec votre permission, seigneur : il n'existe pas de règle sans exception.

— Ainsi, vous aussi, maître? grommela le duc jetant un regard perçant dans les yeux du vieillard.

— Vie pour vie, en effet, comme le dit Votre Altesse, répondit maître Michel ; mais quand la loi condamne le meurtrier à mort, elle suppose qu'il a agi de plein gré et avec mauvaise intention. Si, par exemple, il commettait l'homicide pour défendre sa propre vie, ou volontairement, ou par malheur, ou en guerre, ou comme bourreau sur l'ordre de son seigneur légitime, alors il ne serait pas punissable, car...

— Mais tout le monde sait cela, interrompit le duc. Il n'y a peut-être qu'une seule vraie exception, et vous l'oubliez, maître. Si le souverain fait grâce au meurtrier?

— Oh ! alors !

— Une pareille intervention du seigneur est-elle bien légale en principe ?

— Oui, monseigneur, parfaitement légale. Dieu a donné aux rois et aux princes, les chefs de ses peuples, le pouvoir de relever les coupables des peines édictées par les lois humaines. C'est, comme le dit Votre Altesse, la seule exception réelle.

— Encore une question, maître, pour terminer cette consultation. Que dit la loi relativement au rapt de femmes ?

Le conseiller ouvrit un autre livre et répondit :

— Voici la joyeuse entrée, que vous-même, notre seigneur et souverain redouté, avez fait promulguer à Bruxelles le 15 mars 1453. Le contenu de l'art. XXII parle comme suit :

— Celui qui enlèvera une femme ou une jeune fille contre son gré, lui et ses complices perdront corps et biens à perpétuité...

Le forgeron frappa neuf coups sur son enclume.

—Je vous remercie, maître Antoine. Suivez-moi dans la salle du trône. Après la réception officielle de l'ambassadeur d'Allemagne, nous nous rendrons dans la salle rouge où vous saurez pourquoi j'ai désiré connaître ce que la justice exige de moi relativement à certains grands crimes.

Le duc se leva et entra dans un long corridor voûté.

Les cors et les trompettes annoncèrent son arrivée et l'on vit au bout du corridor un mouvement affairé de chevaliers et de serviteurs.

Un héraut d'armes annonça à haute voix :
— Monseigneur le duc !

Et le prince Charles traversa la foule profondément courbée jusqu'à une grande salle dont les murs, les piliers et la voûte étaient garnis de somptueux tapis, de sculptures artistiques et d'ornements d'or.

Au fond s'élevait un trône de damas rouge et de drap d'or. Deux lions noirs, emblème des Flandres, soutenaient le pied du trône ; ils portaient au cou l'ordre de la Toison d'Or et sur la poitrine un écu avec la devise du duc : *Je l'ai entrepris.*

La duchesse mère, Isabelle de Portugal et la jeune Marie de Bourgogne avaient déjà pris place de chaque côté princier. Aux marches inférieures se trouvaient quelques pages et les principaux officiers du palais, ainsi que quelques dames d'honneur des duchesses.

Autour de la salle, le long des murailles et près de la porte d'entrée, se tenaient les gardes du corps avec leurs hallebardes, les serviteurs, les courtisans et beaucoup d'illustres chevaliers, vêtus avec un luxe extraordinaire.

Quand le duc eut gravi les marches du trône et se fut assis, il fit un signe de la main. Pendant que les cors et les trompettes lançaient encore une dernière fanfare, les ambassadeurs de l'empereur d'Allemagne entrèrent dans la salle suivis d'une cinquantaine de seigneurs d'Outre-Rhin.

Le duc Charles vint à leur rencontre jusqu'au pied du trône et leur souhaita gracieusement la bienvenue.

Le duc causa confidentiellement avec les ambassadeurs et se fit présenter les principaux seigneurs de leur suite. La duchesse mère et la jeune Marie reçurent aussi les hommages des chevaliers étrangers et échangèrent avec eux quelques compliments cérémonieux.

Enfin, quand l'audience eut duré environ une demi-heure, les ambassadeurs prirent congé du prince flamand et se retirèrent avec leur suite.

Les princesses et la plupart des seigneurs quittèrent également la salle, tandis que le duc, suivi de quelques chevaliers de sa cour, disparut par une porte latérale.

Il entra dans une salle plus petite, dans

l'ornementation de laquelle le rouge sombre dominait.

Au milieu se trouvait une table avec tout ce qu'il faut pour écrire. Au milieu de quatre chaises moins riches, on remarquait un grand siège dont le dossier élevé était garni de drap d'or.

Le duc y prit place, et sur son invitation, maître Antoine Michel, le prévôt du palais, le grand-maréchal et un greffier s'assirent à ses côtés.

Quand le duc eut promené son regard sur les chevaliers et sur ses serviteurs rangés contre la muraille, ainsi que sur ses gardes du corps qui, l'épée au clair, se tenaient près de la porte d'entrée, il fit signe à un huissier et lui dit :

— Voyez dans l'antichambre si le seigneur Van der Hameide est arrivé.

— Il est arrivé, seigneur duc.

— Introduisez-le.

Gautier Van der Hameide parut et s'approcha jusqu'à une certaine distance en s'inclinant à différentes reprises. Il paraissait de bonne humeur, car sa belle et mâle figure trahissait une joyeuse espérance. Tous les chevaliers, ses amis, lui souriaient de loin ou le félicitaient par signes, quoique la plupart le vissent avec envie devenir l'objet de la faveur particulière du duc.

— Approchez, messire, dit le duc se levant. Nous avons une promesse à remplir envers vous. C'est le devoir des princes, n'est-ce pas, de récompenser le bien et de punir le mal avec ponctualité. A notre chasse d'hier, vous avez abattu le cerf ; tendez la main que j'y mette l'anneau que vous avez gagné par votre adresse.

Le jeune homme obéit ; et lorsqu'il vit briller à son doigt la précieuse bague aux armes de Bourgogne :

— Gracieux seigneur, balbutia-t-il, votre bonté pour votre humble et dévoué serviteur est sans bornes. Dieu vous bénisse! Ce témoignage de votre magnanimité sera conservé dans ma maison comme une relique, et mes fils, si le ciel...

— Mais, messire, interrompit le duc, si nous ne nous trompons pas, vous aviez auparavant un autre anneau à ce doigt?

— Oui, gracieux seigneur, répondit Gautier quelque peu surpris de cette singulière question, quoiqu'il ne soupçonnât rien, car le duc souriait gracieusement.

— La bague portait un signe armorial, n'est-ce pas?

— Oui, monseigneur, trois faucons d'or sur champ d'azur.

— Nous désirons voir la bague. Où est-elle?

— Hélas! je suis assez malheureux pour ne pouvoir satisfaire en ce moment au désir de mon gracieux prince. J'ai perdu la bague depuis quelques jours.

— Où?

— A la chasse, monseigneur.

— N'était-ce pas dans les bois de Wardamme, près d'une maisonnette solitaire avec un puits devant la porte ?

— Je crois que oui, gracieux seigneur.

— Dans cette maisonnette habitait une belle et charmante jeune fille, n'est-ce pas ?

Un sourire parut sur les lèvres du jeune homme. Les chevaliers tendaient le cou et riaient aussi, curieux d'apprendre une aventure intéressante et peut-être dangereuse pour Gautier Van der Hameide ; mais un froid regard du prince fit disparaître immédiatement toute trace de gaieté de leur visage.

— Mon gracieux seigneur a donc entendu parler de ma folle équipée, et il est assez bon pour s'intéresser à ce caprice.

— Un caprice ? Ah ! nous allons voir cela.

Et le duc, dans les yeux duquel commençait à briller une profonde indignation, éleva la voix et dit :

— Messires, veuillez approcher et graver nos paroles dans votre mémoire ; car ce que vous allez entendre sera désormais la mesure de notre justice. Une action que beaucoup de vous, peut-être, traitent comme ce jeune seigneur de caprice sans importance, a été commise dans ce comté de Flandre, mais que nous, représentant de la justice de Dieu, nous voulons juger d'après l'esprit réel de la loi. Non loin d'ici, dans un bois, demeurait un homme du peuple avec un fils laborieux et une jolie fille, aide et consolation de ses vieux jours. Un chevalier a enlevé de force l'innocente jeune fille. Le frère de celle-ci accourut au secours de sa sœur ; mais le chevalier frappa le pauvre garçon de son épée et le tua... Messire Van der Hameide, tenez-vous tranquille ; vous parlerez tantôt et vous vous défendrez, si vous pouvez... Messires, le père des deux victimes a fait de vaines tentatives pour obtenir justice et il nous accuse, nous, votre souverain, d'oubli de nos devoirs et de complaisance pour les puissants auteurs de crimes qui crient vengeance. Nous voulons vous prouver que cet homme nous calomnie. Là où les juges ordinaires, par lâcheté ou par intérêt personnel, violent ou laissent violer la loi, nous, juge suprême de notre peuple, nous interviendrons et nous punirons les coupables sans acception de personne ou de rang... Vous, messire Van der Hameide, seigneur de Condeit et de Hersberge, vous êtes l'auteur d'un double crime, vous êtes un ravisseur et un meurtrier et vous méritez la mort.

Quoique les paroles du duc troublassent profondément le jeune seigneur, parce qu'il y voyait au moins le danger de perdre la faveur du prince, il ne put croire qu'elles étaient tout à fait sérieuses, c'était sans doute un accès passager de colère. Dans tous les cas, au moyen d'une indemnité plus ou moins forte, il apaiserait le duc et le père de la jeune fille.

En outre, il avait des excuses si fondées, qu'il ne doutait pas que le duc, après avoir entendu ses explications, ne lui accordât non seulement son pardon et même ne lui conservât sa faveur.

Parmi les chevaliers, les uns étaient pâles et inquiets : c'étaient les amis du jeume homme. D'autres avaient dans le regard un éclair de joie secrète : c'étaient ses envieux.

— Allons, justifiez-vous : qu'avez-vous à dire pour votre défense ? dit le prince.

— Redouté prince, je reconnais que j'ai enlevé la jeune fille contre son gré ; mais elle est l'enfant d'un homme sans naissance, d'un habitant de trou qui, légalement, n'appartient même pas à une seigneurie et ne peut prétendre à aucun droit. Ce qui atténue tout à fait la gravité de mon action envers elle — si elle a quelque importance — c'est la circonstance que je ne lui ai pas fait le moindre mal, que je n'ai pas même touché sa main depuis qu'elle est à mon château de Hersberge. Si votre altesse désire qu'elle soit rendue immédiatement à son père, je me hâterai de la mettre en liberté ; et j'ose espérer, gracieux seigneur, que tout étant réparé, vous daignerez, dans votre magnanimité, me pardonner cette légère faute...

— Et le meurtre du malheureux frère ?

— De ce second fait je puis, redouté seigneur, m'excuser avec moins de peine. Ce manant avait porté la main sur moi et voulait me désarçonner. Je tirai mon épée en état de légitime défense.

— En état de légitime défense ! répéta ironiquement le prince. Tout sentiment de justice est-il donc mort dans votre esprit ? Ainsi, quand le propriétaire d'un bien volé veut reprendre sa propriété et que le voleur tue le propriétaire, vous appelez cela un cas de légitime défense ? Mais continuez !

— Gracieux seigneur, si je m'étais laissé

jeter à terre et frapper par un manant, quel est le chevalier qui ne m'aurait pas méprisé et fui comme un lâche? Dans ma honte, oserais-je encore paraître devant Votre Altesse. Et si l'audacieux rustre a payé son agression de sa vie — ce que j'ignorais, croyant l'avoir seulement blessé — c'est un malheur, et je suis prêt à indemniser le père, comme c'est la coutume en Flandre.

— Croyez-vous réellement que la loi permette cela? gronda le duc.

— Je ne connais pas les lois, gracieux seigneur, mais je dois le croire, puisque les juges ont toujours décidé ainsi.

Se tournant vers Antoine Michel, le duc lui dit:

— Maître, lisez à haute voix ce que la loi dispose quant au rapt et à l'homicide.

Le vieux conseiller lut lentement et d'une voix forte:

— Celui qui tue quelqu'un, perd la vie. Celui qui enlève une femme ou une jeune fille contre son gré, perd corps et biens à perpétuité.

Les chevaliers, amis de Gautier, tremblèrent d'effroi, ils n'osèrent parler, mais levèrent les mains vers le duc pour conjurer la fatale sentence qu'ils s'attendaient à voir sortir de sa bouche.

Le jeune coupable avait pâli subitement et sa tête pendait sur sa poitrine. La conviction était entrée dans son esprit altier, que le duc Charles — parfois magnanime, mais souvent impitoyable — pouvait le frapper d'une terrible condamnation.

Le duc reprit d'un ton solennel :

— Vous avez entendu, messires, ce que la loi ordonne, — cette loi que depuis quelque temps on a l'habitude d'obscurcir et d'altérer en faveur de criminels puissants. Nous sommes le père de tous nos sujets, et dans la balance de notre justice nous ne faisons pas de différence entre nos enfants. Le pauvre peuple ne criera pas plus longtemps vengeance contre son souverain et ne l'accusera plus d'oubli de ses devoirs... Vous, Gautier Van der Hameide, vous avez commis deux crimes atroces, et vous avez osé espérer que votre illustre naissance vous assurerait l'impunité. Servez d'exemple à d'autres. Nous vous condamnons à mort !

Un cri général d'horreur retentit dans la salle ; beaucoup de chevaliers tombèrent à genoux et s'écrièrent avec des larmes dans la voix :

— Grâce ! grâce !

Gautier aussi était tombé à genoux et implora l'indulgence du prince.

— O redouté seigneur ! je reconnais ma faute et je lève les mains tremblantes vers vous. Pardon ! pardon !

Et voyant que le duc restait froid et inébranlable, il s'écria d'une voix désespérée.

— O prince miséricordieux ! si dans votre colère vous me croyez indigne de votre grâce, ayez pitié de ma pauvre mère : votre condamnation la frappe d'un coup mortel ; elle y succombera. Ayez pitié d'elle !

Les chevaliers crurent remarquer que cette invocation touchait le duc, ils renouvelèrent leurs cris de grâce.

Le prévôt de la cour et le maréchal tentèrent aussi de fléchir le prince ; ils parlèrent des grands services rendus par les ancêtres du jeune seigneur. Ils rappelèrent avec quel courage le jeune Gautier s'était conduit à Montlhéry.

Un moment le duc parut hésiter. Mais tout à coup il secoua négativement la tête et murmura :

— Non, nous sommes esclaves de la loi et nous voulons lui obéir. C'est elle et non pas nous qui condamnons l'assassin.

Maître Antoine Michel s'approcha et dit à l'oreille du duc :

— Monseigneur, la loi vous reconnaît le droit de grâce...

— Pas de grâce ! Il faut un exemple !

— Et de commuer la peine, seigneur duc.

— Levez-vous tous ! Nous avons compassion de madame Van der Hameide. Pauvre mère ! Elle est innocente. Peut-être trouverons-nous moyen de retenir le bras du bourreau ; mais il faut un exemple...

Les chevaliers et le jeune coupable tenaient les yeux fixés sur le prince qui semblait absorbé dans de profondes réflexions.

Il releva bientôt la tête et dit :

— Messire Van der Hameide, par pitié pour votre mère, nous sommes disposé à vous laisser la vie et à vous infliger une autre punition.

— Oh ! ordonnez, monseigneur ! s'écria Gautier. Je me soumets avec humilité et avec reconnaissance à votre clémence.

— Votre orgueil de chevalier vous a fait mépriser l'honneur d'une femme, la vie d'un homme et le désespoir d'un père ; cet orgueil fut la cause d'un double crime et c'est dans cet orgueil que nous voulons vous humilier et vous punir. Nous allons prononcer une nouvelle condamnation. Si vous ne vous y soumettez pas sans objection, votre tête tombera sur l'échafaud. Messire Van der Hameide, vous épouserez la jeune fille que vous avez enlevée et vous la prendrez pour votre femme légitime.

Un cri d'étonnement et un murmure d'indignation s'élevèrent parmi les chevaliers. Les ennemis de Gautier aussi bien que ses amis n'en pouvaient croire leurs oreilles. Était-ce une grâce, cette affreuse condition plus cruelle qu'une condamnation à mort !

— Eh bien ! messire Van der Hameide ? demanda le prince.

Gautier avait relevé la tête et répondit avec calme :

— Moi, seigneur prince, le dernier rejeton d'une illustre maison, moi, mêler le sang de mes aïeux avec le sang de vils manants ? Déshonorer ma race ? Jamais, jamais, plutôt mille fois la mort !

— Soit ; le bourreau fera son office... Messires, arrêtez ! Plus un mot en sa faveur... Prévôt, emmenez le condamné dans la prison du palais. Il peut revenir à de meilleurs sentiments. Nous lui accordons vingt-quatre heures de réflexion. Personne ne pourra le voir ni lui parler. Allez, messire prévôt, vous répondez de lui sur votre tête !

Sur l'ordre du prévôt, quelques gardes du corps emmenèrent le jeune seigneur, pendant que ses amis, qui n'osaient plus prononcer une parole, témoignaient par leur tristesse combien son malheur les navrait.

Le duc, calme et immobile, suivit le condamné du regard jusqu'à ce que le triste cortège eût disparu. Il fit quelques pas vers une porte latérale pour quitter la salle.

Poussé par les regards suppliants des assistants, maître Antoine le suivit et lui dit à voix basse :

— Monseigneur, faites grâce de la vie à messire Van der Hameide ; c'est votre droit de souverain...

— Soyez tranquille, maître, répondit le duc en s'arrêtant, le jeune seigneur acceptera ma deuxième sentence et ne mourra pas.

— Lui se soumettre, seigneur ? Ah ! je ne crois pas.

— Vous vous trompez, maître. Il compte sur l'intervention de ses puissants parents et amis ; mais il sera bientôt convaincu que son espoir est vain. Peut-être faudra-t-il faire briller le glaive d'un bourreau devant ses yeux. Dans tous les cas, il finira par se soumettre.

— Et s'il continue à refuser, seigneur ?

— Son mariage avec la jeune fille enlevée s'accomplira ou la mort, irrévocablement la mort... Laissez-moi en paix maintenant, je ne veux plus rien entendre.

Maître Antoine retourna à sa place. D'un signe de la main le duc appela un capitaine qui se trouvait près de l'entrée de la salle et lui dit à voix basse :

— Conrad, je connais votre fidélité et votre discrétion. Je veux vous charger d'une mission urgente et — qui sait — peut être difficile, pour laquelle il faudra de l'habileté et du courage. Choisissez sans retard, parmi mes gardes du corps, douze des meilleurs et des plus vaillants cavaliers. Faites-les monter à cheval et s'apprêter pour une campagne de quelques heures. Puis revenez pour que je vous dise ce que j'attends de vous et de vos cavaliers.

Le capitaine salua et sortit pour aller exécuter les ordres du prince.

V

Le château de Hersberge était situé à l'ouest du bois de Wardamme, à environ deux lieues et demie de Bruges, très solitaire et éloigné de toutes autres habitations ; car les huttes ou maisons de paysans qui en dépendaient étaient disséminées à une certaine distance dans les bois épais.

Ce château faisait l'effet d'une gigantesque ruine. Le mur de clôture était à certains endroits profondément rongé par le temps ; des liserons en fleur et des plantes grimpantes, cachaient la plupart de ses meurtrières. Les créneaux morcelés au-dessus des tourelles n'existaient plus qu'en partie. L'eau de son fossé était couverte de verdure... Mais ce qui donnait surtout à cette demeure seigneuriale une apparence de délabrement et d'abandon, c'était le silence de mort qui l'entourait ; et on aurait cru que le château était inhabité depuis longtemps si, par sa présence sur l'une des tourelles, le sonneur de cor n'avait prouvé qu'on y veillait sur la sûreté d'un seigneur et maître.

Begga Evertand était enfermée dans une pièce écartée du château.

La pauvre fille était assise dans un coin, la figure tournée vers la muraille, comme pour détourner le regard de la porte.

Elle avait beaucoup pleuré ; car ses yeux étaient rouges et enflammés.

Elle portait encore le bonnet blanc, le petit corsage rouge et le tablier bleu qu'elle portait habituellement dans la maison de son père pour faire son travail quotidien.

Au milieu de la chambre, à quelques pas

d'elle, il y avait une large table chargée d'un côté de mets exquis et de friandises ainsi que de gibier et de volailles, des cerises, des fraises odorantes et des gâteaux au miel ; de l'autre côté, des bijoux, des colliers, des bracelets et des boucles d'oreilles étaient placés de façon à séduire par leur éclat étincelant.

Plus loin, sur deux ou trois chaises, pendaient des étoffes multicolores et de riches habits de damas, de satin et de drap d'or, assez somptueux pour une princesse.

Après être restée longtemps sans mouvement, le regard fixé dans l'espace, une sorte de spasme contracta les joues et les lèvres de la pauvre Begga, et après une lutte violente contre elle-même, elle tourna la tête vers la table.

Tremblant de tous ses membres et pâle comme une morte, elle tenait le regard enflammé fixé sur les mets. Elle haletait et luttait avec une force désespérée contre la tentation ; elle se leva même, fit un pas vers la table, vers la nourriture... mais un cri de détresse lui échappa tout à coup et, tremblant sur ses jambes, elle se recula et tomba exténuée sur sa chaise.

Elle leva les mains au ciel et s'écria d'un ton suppliant :

— Dieu tout puissant, jetez un regard sur moi, misérable fille ! soutenez mes forces jusqu'au bout ; ne me laissez pas succomber dans la lutte ! Ayez pitié de moi ! Appelez-moi à vous, ô Seigneur, mais que je puisse paraître devant vous comme ma bienheureuse mère m'a...

Un bruit de pas semblait s'approcher.

Begga se tut subitement, se remit à trembler, se retourna vers la muraille avec un mouvement de terreur et mit ses mains devant ses yeux.

La porte s'ouvrit et un homme entra.

Il pouvait avoir une quarantaine d'années.

Ses joues rouges et pleines prouvaient qu'il avait la vie facile et qu'il était amateur d'une table bien servie.

A son entrée un aimable sourire errait sur ses grosses lèvres ; mais lorsqu'il eut jeté un regard sur la table et qu'il eut remarqué que les mets et les bijoux étaient intacts, son visage se contracta en une affreuse grimace.

Il se contraignit cependant, sourit de nouveau et, s'approchant de la jeune fille, lui dit d'une voix douce :

— Pauvre Begga, n'ayez pas si peur : ce n'est pas lui, c'est moi, le majordome, qui ai pitié de vous, vous le savez bien.

Elle leva lentement la tête, jeta un regard craintif autour d'elle et, tranquillisée par cet examen, demanda :

— Vient-il, majordome ?

— Vous ne le verrez plus aujourd'hui.

— Bien sûr ?

— Il est à Bruges, près du duc.

— Oh! Dieu soit loué! Alors il arrivera trop tard!

— Trop tard, pourquoi, Begga?

Elle montra le ciel du doigt.

— Je serai là, dit-elle. Le tyran ne pourra pas me suivre dans le ciel près de ma mère. Là, dans le sein de Dieu, est la délivrance et la liberté!

— Mais, pauvre enfant, vous êtes folle, grommela le majordome avec effroi. Mourir? vous voulez mourir? Vain espoir : mourir volontairement de faim est un horrible martyre, qui excède les forces humaines; et vous, faible jeune fille, comment triompheriez-vous dans cette lutte impossible? Longtemps avant de mourir votre volonté succombera.

— Oui, soupira la jeune fille avec un sourire amer, je sens le feu qui dévore mes entrailles; mais ces horribles souffrances me disent que la délivrance approche! N'espérez pas que je renonce à la lutte. La mort est plus puissante que vous tous.

Un tremblement de fureur contenue parcourut le corps du majordome; mais, radoucissant encore sa voix, il dit:

— Allons, Begga, entendez-moi encore une fois sans parti pris et écoutez les conseils de votre ami : mon maître ne vous veut pas de mal ; au contraire, il vous porte une affection ardente et pure... Vous ne me croyez pas ? Mon maître vous aime si sincèrement qu'il veut faire de vous sa femme légitime.

— Me prendre pour femme ? Une vile roturière ? dit Begga avec ironie. Ah! vous me pensez assez naïve et sotte pour y croire...

— Il l'a dit à vous-même et me l'a répété plus d'une fois. Mon maître n'est pas un homme ordinaire ; ce qu'il a décidé il l'accomplit, sans s'occuper de rien.

— Votre maître peut être ce qu'il veut; il m'a enlevée de force de la maison paternelle ;

c'est un tyran, un lâche ; je le haïs et je le haïrai jusqu'au tombeau ! Assez, majordome, vos paroles ne me trompent pas.

— Soit, Begga ; mais vous seriez bien heureuse, n'est-ce pas, si vous pouviez retourner près de votre père ?

— O mon Dieu ! si je pouvais serrer mon père vivant dans mes bras ! s'écria la jeune fille les yeux étincelants de joie.

— Il n'y a aucun motif pour ne pas l'espérer, Begga. Vous voyez bien qu'au fond mon maître est un homme généreux ; car vous êtes en son pouvoir et il ne vous fait aucun mal. Si vous vouliez vous montrer plus aimable, ne fût-ce qu'en apparence, au bout de quelques jours, par compassion pour vous, il vous remettrait certainement en liberté.

— Moi, lui témoigner de l'amitié ? Donner dans le piège que vous essayez de me tendre ? Je ne suis qu'une enfant, une jeune fille ignorante ; mais je comprends le but de votre maître. Je ne puis lui échapper que par la mort. Tout ce que vous faites est inutile.

Le majordome se leva, son visage était animé de colère. D'une voix dure qu'il n'essayait plus d'adoucir il dit :

— Toutes mes tentatives amicales pour vous ramener à la raison ont été vaines ! Vous me forcez d'avoir recours à d'autres moyens. Je le fais malgré moi, croyez-le ; mais je suis un serviteur, je dois obéir. Mon maître m'a ordonné de vous faire manger, de gré ou de force. Je lui ai promis d'exécuter ses ordres. Pour la dernière fois, voulez-vous prendre cette nourriture ?

Elle secoua négativement la tête.

— Par pitié, je vous supplie, Begga, mangez seulement quelques bouchées.

— Jamais ! jamais ! répondit la jeune fille avec force.

— Eh bien ! écoutez : je vous donne une demi-heure de réflexion. Si vous n'êtes pas venue à de meilleurs sentiments, nos hommes d'armes, au milieu de la cour, vous flagelleront jusqu'au sang et vous cracheront au visage... Ah! vous tremblez? C'est horrible, en effet, car les hommes d'armes sont des gens grossiers et impitoyables. Vous pouvez éviter cette honte : voici un gâteau au miel, mangez-en.

— Arrière! arrière! je veux mourir! s'écria Begga avec horreur.

— Ainsi vous acceptez de plein gré la flagellation publique.

— Dieu saura que je suis une victime innocente.

— Ce n'est pas le tout, malheureuse. Si la flagellation ne peut pas vaincre votre entêtement, la torture, et après la torture l'emprisonnement perpétuel dans un caveau infect, au milieu de rats et de la vermine. Oh! nous briserons votre fol orgueil!

— Essayez, majordome, répondit-elle avec

calme. Que me font toutes ces tortures, si je puis monter vers Dieu innocente et pure ?

Le majordome fit quelques pas dans la chambre.

— Singulière race ! grommela-t-il en lui-même. Leur tête est plus dure qu'une pierre. Elle se laisserait vraiment mourir de faim... Essayons un autre moyen.

Il alla s'asseoir près de la jeune fille et lui dit :

— Allons, Begga, pardonnez-moi ces menaces ; elles n'étaient pas sincères. Mon maître ne souffrirait pas qu'il vous fût fait le moindre mal. J'ai tâché de vous tromper par pitié dans l'espoir de vous décider à manger. Je suis un serviteur... Qu'entends-je ? Le cor sonne sur la tour au-dessus de la porte ? Quelqu'un vient.

— Il est là... ô mon Dieu ! ne m'abandonnez pas ! dit Begga en levant les bras au ciel.

Le majordome se hâta de quitter la chambre

dont il ferma la porte à l'extérieur. Il descendit les escaliers et se rendit dans la cour d'où il vit entrer un cavalier.

Le cheval était couvert de poussière ; le cavalier épongeait la sueur de son front.

— Que signifie ceci, ami Thierry ? Tu parais exténué ! Quelle nouvelle apportes-tu à Hersberge ? demanda le majordome.

— Un message pressé de mon maître, messire Adolphe d'Eerneghem. Je dois te parler seul.

— J'écoute ; personne ne peut nous entendre.

— Il y a ici une jeune fille. Elle va quitter Hersberge. Mon maître viendra la chercher, à la demande de ton seigneur. Qu'elle soit prête à partir. Tu feras atteler le chariot couvert. Quatre hommes d'armes accompagneront mon maître.

Ces instructions étonnèrent le majordome au plus haut degré.

— Va-t-on mettre la jeune fille en liberté ?

— Probablement. Quelle autre intention aurait-on ?

— Et la ramener à son père ?

— Je ne sais pas. On ne m'a rien dit de plus que ce que je viens de te communiquer... Mais tu dois te hâter, car mon maître me suit de près... Je cours à la cuisine : je suffoque de soif et je me suis fait mal en tombant.

Le majordome appela les serviteurs et les hommes d'armes, leur donna ses ordres pour que le chariot couvert fût attelé sans retard, et rentra alors dans le château.

— Begga, ma chère enfant, s'écria-t-il joyeusement lorsqu'il eut ouvert la porte, si vous saviez quelle bonne nouvelle je vous apporte. Que votre cœur batte de bonheur, vous êtes libre, tout à fait libre !

— Vous me trompez encore ? Quelle cruelle raillerie ! dit la pauvre fille avec un sourire incrédule.

— Non, non, pas maintenant. Pourquoi le ferais-je ? Je n'exige plus rien de vous. Je ne veux même plus vous conseiller de manger. C'est inutile. Tantôt vous mangerez de plein gré dès que vous serez en liberté. Cela suffit ; si vous ne mourez pas de faim, je suis content.

Sa figure montrait une joie si sincère, que Begga se mit à douter et le regarda avec des yeux étincelants.

— Je dis la vérité. Un messager m'apporte l'ordre d'apprêter le chariot couvert pour vous conduire chez votre père. Vous partez cet après-midi, peut-être dans une demi-heure. Un chevalier vient vous chercher...

— Un chevalier ! ô ciel ! soupira-t-elle. Qui ?

— Pas mon maître, Begga. Vous avez tort de continuer à le haïr ; car voyez comme il s'inquiète de vous et comme il vous protège. Un de ses amis, un gentilhomme doux et bon, messire Adolphe d'Eerneghem, viendra pour veiller sur vous et pour vous conduire dans les bras de votre père.

— Mais je rêve! Est-ce possible? s'écria Begga toute joyeuse.

— Entendez-vous le son du cor? c'est messire d'Eerneghem... approchez vite de cette fenêtre... Voyez, le chariot couvert est déjà dans la cour, on y attelle les chevaux. Regardez, on ouvre la porte, vous allez voir le chevalier qui vient vous délivrer... Eh bien! vous inspire-t-il aussi de la frayeur? Il est fiancé à la sœur de mon maître; il est renommé pour la bonté de son cœur.

Begga jeta un regard par la fenêtre, un éclair de joie brilla dans ses yeux.

— Lui, mon sauveur, mon libérateur! comme sa figure est douce! Non, non, je n'ai pas peur de lui.

— Vous devriez manger avant de partir, Begga. Je cours à la rencontre de messire d'Eerneghem, et je ne fermerai même plus cette chambre : c'est tout à fait inutile.

A ces mots, il se dirigea vers la porte et disparut dans l'escalier.

Begga resta un instant les yeux fixés au ciel et les mains jointes; mais une force secrète, une violente souffrance physique l'attirait vers la table sans qu'elle en eût conscience. Là, ses regards tombèrent sur les mets appétissants. Elle étendit la main pour en prendre, mais elle trembla et resta immobile, luttant encore contre la tentation. Pourquoi continuer à lutter contre la faim? n'allait-elle pas être délivrée?

Cette réflexion jointe au cri de ses entrailles la fit succomber. Ses yeux commençaient à s'enflammer, ses mains tremblaient fiévreusement ; elle se jeta avec un cri sauvage sur les victuailles, et en quelques minutes elle dévora trois gâteaux de miel et une volaille.

Tout à coup elle entendit une voix douce qui lui dit :

— Jeune fille, je viens vous chercher. Suivez-moi sans crainte ; je veillerai sur vous et vous défendrai comme si vous étiez ma sœur.

Begga se retourna, tomba à genoux devant le chevalier et s'écria en baisant ses mains :

— Merci, merci, généreux seigneur ! Je prierai toute ma vie pour vous. Dieu vous a envoyé ; vous êtes son bon ange, vous qui m'apportez la liberté et qui allez me conduire dans les bras de mon père. Laissez-moi vous bénir à genoux !

Adolphe d'Eerneghem regarda d'abord la jeune fille en silence. Ces yeux noirs étincelant sur ce visage blanc comme l'albâtre le touchaient profondément ; mais il s'aperçut bientôt qu'elle se méprenait sur la mission qu'il venait remplir ici. Il lui prit la main et la força de se lever.

— Calmez-vous, pauvre enfant, dit-il. Qui

vous a dit que je suis venu pour vous ramener à votre père ?

— Lui ! répondit-elle en montrant le majordome qui se trouvait près de la porte.

— Vous avez mal compris ses paroles. Je suis venu pour vous conduire à mon château d'Eerneghem. Je ne veux pas vous tromper. Vous serez remise en liberté, probablement dans quelques semaines, pas encore maintenant.

Begga poussa un cri de désespoir et tomba sur une chaise les mains devant les yeux. Sa figure était inondée de larmes brûlantes.

— Qu'est-ce que cela signifie, majordome ? Pourquoi trompiez-vous cette malheureuse fille ?

— Elle refusait toute nourriture, messire. Elle voulait se laisser mourir de faim. Mon maître m'avait commandé de la faire manger. J'ai obéi à ses ordres. Elle a mangé et elle ne mourra pas.

Adolphe s'approcha d'elle et dit :

— Le majordome vous a trompée par compassion, pardonnez-lui. Moi, je ne vous tromperai pas. Je vous conduis à mon château d'Eerneghem. Vous y resterez beaucoup de jours, des semaines, peut-être, sans avoir rien à craindre. Personne ne viendra vous voir...

— Et lui? balbutia Begga avec une crainte nouvelle.

— Lui? Qui?

— Lui! Le tyran qui m'a enlevée !

— Messire Gautier Van der Hameide? Lui non plus. Nul autre que moi ne s'approchera de vous, uniquement pour m'assurer qu'on ne vous fait aucun mal. Dans tous les cas vous serez plus tranquille dans mon château qu'ici.

— Oui, oui, c'est vrai. Vous êtes bon, messire, et je vous crois.

— Eh bien ! séchez vos larmes et descendons ; un chariot couvert nous attend en bas.

La jeune fille le suivit sans mot dire ; elle pleurait encore cependant. L'espoir de délivrance lui avait été enlevé si subitement que son cœur en saignait.

Arrivée dans la cour elle monta dans le chariot.

Adolphe s'assura qu'elle y avait une place convenable pour s'asseoir et donna l'ordre du départ... Le chariot, escorté de quatre hommes d'armes, après avoir traversé le pont-levis, entra dans un large chemin de terre qui se dirigeait vers l'ouest à travers les bois.

La bâche de toile du chariot était tout à fait ouverte devant, Begga pouvait donc regarder. La vue de la verte nature, la lumière éclatante du soleil, la verdure des arbres, le chant des oiseaux, faisaient descendre en elle un sentiment de consolation ; mais insensiblement elle était redevenue mélancolique et triste. Elle se demandait quel serait son sort maintenant. Ne la trompait-on pas ? Était-ce bien à

Eerneghem qu'on la conduisait ? Y serait-elle en sûreté et combien de temps y resterait-elle ? Son vieux père n'était-il pas tombé malade de chagrin ?

A ce moment elle fut interrompue dans sa triste rêverie par la voix du chevalier, qui criait au conducteur et aux hommes d'armes.

— Arrêtez ! Rangez le chariot sur l'accotement du chemin. Les épées hors du fourreau ! Attention, un danger nous menace peut-être. Ce que j'aperçois là-bas derrière nous est tout à fait inusité dans cette contrée.

Ils virent au bout du chemin, dans la direction de Hersberge et dans un nuage de poussière, une troupe de cavaliers qui paraissaient arriver au grand galop. C'étaient assurément des chevaliers et des soldats, leur uniforme bigarré et leurs armures étincelantes ne laissaient aucun doute à ce sujet.

Adolphe fit queques pas à leur rencontre.

Bientôt il put distinguer les cavaliers. Ils étaient au nombre de dix ou douze ayant à leur tête un capitaine des gardes du corps du prince.

Le capitaine fit arrêter ses hommes et s'avança seul.

— Quelle surprise de vous rencontrer ici, messire Conrad ? Notre gracieux duc est-il à la chasse ?

— C'est une affaire bien plus sérieuse qui m'amène ici. Je viens de Hersberge. Vous avez quitté le château depuis un quart d'heure. Heureusement je vous rejoins à temps... Mais retirons-nous de côté. Nos hommes n'ont pas besoin de savoir ce que j'ai à vous dire.

Lorsqu'ils se furent éloignés jusqu'aux premiers arbres du bois, le capitaine dit :

— Messire d'Eerneghem, il y a une femme, une jeune fille du peuple dans ce chariot, n'est-ce pas ?

— En effet.

— Eh bien ! Vous devez me remettre immédiatement cette jeune fille.

— Vous remettre cette jeune fille ? répéta Adolphe avec ironie. Jamais ! J'ai promis de la garder et au besoin de la défendre. Un chevalier fait honneur à sa parole quoi qu'il advienne !

— Laissons là ces vains propos, dit froidement le capitaine. Ma mission m'a été imposée par monseigneur le duc lui-même et il m'a commandé de tuer impitoyablement quiconque oserait résister à ses ordres. D'ailleurs votre promesse est devenue inutile. Si votre malheureux ami pouvait vous faire connaître sa volonté, il vous supplierait de remettre immédiatement la jeune fille en liberté. Vous ne savez probablement pas ce qui est arrivé ce matin. Messire Gautier Van der Hameide est en prison ; le duc l'a condamné à mort...

Cette terrible nouvelle fit pâlir Adolphe.

— Comment ! Ai-je bien compris ? Gautier,

mon ami Gautier, condamné à mort à cause de cette fille sans naissance ?

— Hélas! oui ; tout le monde le plaint.

— Mais, Conrad, cette condamnation est une criante injustice, et ne peut être sérieuse.

— Elle est très sérieuse, messire ; le duc paraît très courroucé.

— Ainsi, il veut que messire Van der Hameide meure ? Il n'y aurait pas d'espoir de grâce ? C'est horrible et cela crie vengeance à Dieu !

— Le duc veut faire grâce au chevalier condamné à une condition.

— Ah! voyez-vous bien, capitaine, que vous m'avez effrayé à tort ? s'écria gaiement Adolphe. Gautier acceptera la condition.

— Vous-même, peut-être moins fier que votre ami, messire d'Eerneghem, vous repousseriez la condition. Jugez-en : Gautier Van der Hameide aura la vie sauve s'il consent à prendre pour femme légitime cette fille de basse extraction. Ne doit-on pas en conclure que, jusqu'ici du moins, notre redouté seigneur duc est fermement décidé de faire mourir le malheureux chevalier.

Deux larmes brillèrent dans les yeux d'Adolphe.

— C'est horrible ! murmura-t-il. Cette jeune fille, sa femme légitime ? Ah ! oui, il est condamné, le duc sait bien que pareil mariage déshonorerait éternellement toute sa race. Pauvre Gautier ! pauvre Gautier !

— Vous comprenez, messire, que vous n'avez rien de mieux à faire que d'aller immédiatement à Bruges consoler la mère et la sœur de votre ami. Tout espoir n'est peut-être pas perdu. Messire Van der Hameide a des parents et des amis puissants qui ne négligeront rien pour obtenir sa grâce. Votre présence peut y être nécessaire.

— Vous avez raison, Conrad, je partirai après avoir instruit la jeune fille de son sort...

— Non, messire, ne lui adressez plus la parole, dit le capitaine en le retenant. Le duc m'a recommandé la plus grande discrétion. Je lui dirai moi-même ce qu'elle doit savoir. Commandez à vos hommes de m'obéir en tout.

Adolphe s'approcha des hommes d'armes et leur dit :

— Gens d'Hersberge, au nom de monseigneur le duc, voilà votre chef, exécutez ses ordres avec respect et avec zèle.

Il serra la main du capitaine, donna de l'éperon à son cheval et disparut bientôt derrière les arbres.

L'attention de Begga avait été éveillée par les premiers commandements d'Adolphe ; inquiète, elle avait regardé à travers la toile du chariot la troupe de cavaliers dont les lourds chevaux haletaient à quelques pas de là.

Ces hommes de haute taille, à la figure anguleuse et brunie, l'effrayaient profondément. Elle ne doutait pas que ce ne fussent des gens que messire Van der Hameide avait envoyés pour la ramener à Hersberge. Qu'est-ce qui l'attendait dans cette affreuse prison? Elle tremblait, son cœur battait violemment.

Le capitaine commanda à haute voix :

— Conducteur, suivez-nous. Quant à vous, gens d'Hersberge, retournez immédiatement au château, je n'ai pas besoin de vous... En avant!

Il suivit pendant quelque temps les hommes d'Hersberge du regard, descendit de cheval, s'approcha du chariot et souleva un coin de la toile.

Un cri d'effroi l'accueillit et il vit la jeune fille reculer à son approche comme si elle craignait un grand danger.

— Allons, allons, mon enfant, désormais plus de crainte, plus de chagrin, dit-il en modérant la voix pour ne pas être entendu des cavaliers. Écoutez-moi avec calme ; je n'ai pas le temps de parler beaucoup. D'ailleurs c'est inutile. Votre père a trouvé occasion de faire connaître votre infortune à notre redouté seigneur le duc. Dans sa magnanimité notre prince m'a ordonné de vous délivrer. Nous partons pour Winghene. Vous me montrerez le chemin de la maison de votre père ; car, par ordre du duc, je vous ramène dans ses bras. C'est sa propre garde qui veille sur vous.

Begga ne pouvait en croire ses oreilles. Elle croyait rêver ; mais le ton du capitaine et le riche équipement des cavaliers ne lui laissèrent pas de doute. Elle tomba à genoux, leva les bras au ciel et s'écria :

— O Dieu miséricordieux ! Votre saint nom soit béni ! que le nom de notre juste prince soit béni mille fois ! Comme mon pauvre père et mon bon frère prieront...

— Taisez-vous ! dit sévèrement le capitaine; si vous voulez être reconnaissante, tenez-vous tranquille et ne faites pas de bruit. Je vous conduis près de votre père. Vous pourrez y rester environ une heure pendant que mes cavaliers se reposeront. Puis vous devez me suivre à Bruges avec votre père et un jeune homme qui s'appelle Lucas. Monseigneur le duc veut vous voir. Dites-le à votre père et ne craignez plus rien. Le prince lui-même vous protège. Calmez-vous ; nous partons.

A ces mots il remonta à cheval, commanda à ses hommes de marcher derrière le chariot et ordonna au conducteur de hâter sa marche.

Le cortège se remit en route.

Pendant cette course rapide, Begga se tint tranquille bien qu'elle sentît le besoin de répandre sa joie : la marche du chariot était trop lente à son gré ; elle aurait voulu courir sous le ciel libre pour tromper son impatience ; mais elle voulait obéir au capitaine, son sauveur, et au prince généreux dont il était l'interprète. Elle dompta donc sa joie et se mit à rêver au bonheur qui l'attendait. Elle voyait son père, son frère et Nèliszone venir à sa rencontre avec des cris d'amour et de joie ; elle était dans leurs bras, elle entendait leurs voix ; ses vaches, son coq et ses pigeons lui apparurent, et il lui semblait voir et entendre les innocentes bêtes se réjouir de son retour.

Elle fut interrompue dans son beau rêve par le capitaine qui, arrivé à un carrefour, avait fait arrêter le chariot pour lui demander :

— Ne reconnaissez-vous pas encore votre chemin ? Voyez là-bas, une croix de pierre. Un malheur doit y être arrivé jadis. N'avez-vous jamais vu cette croix ! Nous ne pouvons cependant pas être loin de Winghene.

La jeune fille souleva la toile du chariot et s'écria joyeusement :

— Oui, messire, c'est la croix de feu Jean, le meunier ; il fut trouvé mort là. Nous sommes encore à un quart de lieue de la maison de mon père, par ce chemin à gauche.

— Bien, mon enfant, encore un peu de patience ; bientôt votre père vous serrera dans ses bras.

Le chariot se remit en marche. Begga reconnaissait maintenant tous les objets qu'elle voyait. Ici, au bord du chemin, elle avait joué ; là, elle avait découvert un nid d'oiseaux ; plus loin, elle avait cueilli des mûres sauvages ou avait joué avec son frère et Lucas quand ils étaient encore enfants. Son cœur battait avec violence et son esprit volait vers l'humble maison où elle avait été bercée et qu'elle avait désespéré de jamais revoir.

Tout à coup, au tournant du chemin, un cri de joie lui échappa. Là-bas, à une portée de flèche, elle voyait son vieux père près du puits, un seau à la main.

Elle ne put plus contenir son impatience et sauta du chariot en poussant des cris de joie. Elle bondit comme une biche en criant : « Mon père ! mon cher père ! »

Elle fut bientôt dans les bras du vieillard

qui, muet de bonheur, la pressait contre son cœur avec des larmes de joie ; mais la vue de tant de soldats l'effraya et, sans lâcher sa fille, il l'entraîna dans la maison.

Là, après les premières effusions, le vieillard retrouva la force de parler.

— Oh ! ma pauvre Begga ! innocente enfant ! que t'ont fait tes méchants tyrans ?

— Rien, rien, mon père, répondit-elle avec fierté, Dieu m'a protégée ; il m'a donné la force ; je n'ai pas oublié que j'étais votre fille. Donc plus de chagrin, mon père. Oublions les tristes journées de mon absence. Si nous pensons encore au danger qui m'a menacée, que ce soit pour remercier le ciel et notre gracieux duc, mon sauveur...

— Monseigneur le duc ton sauveur ?

— Oui, mon père ; il a envoyé sa garde pour m'arracher des mains du seigneur de Hersberge. Les hommes d'armes qui sont là dehors sont les gardes du corps de notre gracieux seigneur. N'est-ce pas, mon père, vous lui avez fait part de nos malheurs à lui-même?

— Que son nom soit béni! il a tenu parole. Et moi qui osais l'accuser!

— Mais où est mon frère? Si Neliszone était ici maintenant! s'écria-t-elle. Qu'ils seront contents de me voir!

— Neliszone est allé aux champs chercher de l'herbe pour les vaches, dit le vieillard d'une voix dont la tristesse subite étonna la jeune fille. Tiens, voilà Neliszone qui vient.

— Lucas, dépêche-toi! cria-t-il : Begga est ici!

Lucas vola au cou de sa fiancée avec un cri de joie. Des larmes de bonheur tombèrent de leurs yeux. Une foule de questions furent échangées.

Enfin Lucas dit au vieillard d'un ton triomphant :

— Eh bien, père Evertand, vous voyez bien que je ne me trompais pas dans mon espoir?

Il me semble que si je connaissais celui qui a eu notre Begga en son pouvoir et qui ne lui a fait aucun mal, je lui baiserais les mains par reconnaissance.

— Lucas, Lucas, tu es fou, grommela le vieux Thomas. Oublies-tu donc notre pauvre Jacques ?

— Avec quelle tristesse vous dites cela, mon père ? demanda la jeune fille inquiète. Pauvre Jacques ! Qu'est-il arrivé à mon frère ?

— Je ne puis te cacher plus longtemps cette triste nouvelle, dit le vieillard en lui prenant les mains. Arme-toi de courage... Lorsque le méchant chevalier t'emportait sur son cheval, ton frère courut à ton secours et tenta de te délivrer ; mais le ravisseur lui donna un coup d'épée en pleine poitrine. J'ai ramené ici ton frère pour panser sa blessure...

— Oh ciel ! qu'allez-vous me dire ? s'écria la jeune fille. Et maintenant, maintenant, où est mon frère ?

Le vieillard montra solennellement le ciel et deux larmes tombèrent de ses yeux.

— Notre pauvre Jacques est là-haut avec ta mère, dans le sein de Dieu.

Un cri perçant retentit dans la chambre, Begga se jeta dans les bras de son père.

La jeune fille ne s'évanouit pas ; dans sa douleur muette, elle versait d'abondantes larmes.

Le vieux Thomas et Neliszone pleuraient aussi en silence.

Begga, tourmentée par l'idée que son frère avait payé de sa vie son affection pour elle, repoussa toute consolation et ne répondait même pas aux douces paroles de son père.

Seulement lorsque Neliszone voulut lui prendre la main, elle le repoussa et dit avec indignation :

— Oh ! vous voudriez baiser les mains du lâche assassin, les mains teintes du sang de mon frère ? Arrière ! vous me faites horreur !

— Oh ! pardonnez-moi, j'étais fou ! lamenta le jeune homme. La joie, l'amour m'a fait divaguer !

Le capitaine rentra et demanda :

— Eh bien ! Êtes-vous prêts à partir ? Il fera nuit avant que nous atteignions Bruges. Dépêchez-vous, je ne puis attendre plus longtemps.

— Partir ? A Bruges ? murmura le vieillard étonné.

— Votre fille ne vous l'a donc pas dit ? Notre redouté seigneur duc veut vous voir, vous, votre fille et un jeune homme nommé Lucas.

— Moi ? le duc veut me voir ? s'écria Neliszone pâlissant. O Dieu, que va-t-il nous arriver ?

— Rien de mauvais. Vous n'avez certainement pas à vous plaindre du grand intérêt que monseigneur le duc daigne vous témoigner. Dans tous les cas, ses ordres sont formels, il n'y a pas à résister : vous devez obéir. Préparez-vous donc à partir.

Le capitaine s'éloigna.

— Allons, Begga, aie courage, dit le vieillard. Nous devons nous soumettre.

A sa grande surprise, sa fille se leva et essuya ses larmes avec énergie.

— Oui, mon père, dit-elle, partons, nous devons obéir à l'ordre de notre prince. Partons.

— Mais qui soignera nos bestiaux? murmura Thomas inquiet. Si Neliszone pouvait rester ici.

— Impossible, mon père ; le duc lui-même l'a nommé et a dit qu'il devait nous accompagner.

— J'ai trouvé ! s'écria Lucas. Puisque nous passons près de chez moi, je prierai, en passant, mon frère de venir coucher ici et de veiller à tout jusqu'à notre retour.

— Bien, dit le vieillard. Faisons vite un paquet de nos habits de dimanche ; car nous ne pouvons pas paraître devant le duc dans cette tenue-ci.

Quelques instants après, le vieux Thomas et sa fille, un paquet à la main, quittaient leur demeure suivis de Neliszone.

Le capitaine les fit monter dans le chariot et donna l'ordre du départ.

VI

Le lendemain du jour où le duc avait prononcé sa sévère sentence il y avait une grande réunion de parents et d'amis dans la maison de madame Van der Hameide.

Plus de vingt chevaliers des maisons les plus illustres de Flandre y étaient présents.

Après maintes tentatives, la mère de Gautier avait obtenu audience du duc ; et, suivant la coutume de l'époque, elle allait, accompagnée des membres de sa famille, se prosterner devant le prince et implorer sa grâce.

Il était visible qu'elle et sa fille avaient pleuré mais en ce moment elles ne paraissaient pas découragées. Les paroles encourageantes des chevaliers leur avaient inspiré de la confiance.

L'opinion de chacun était que le duc ne pouvait pas être décidé à exécuter la condamnation. La fin de tout cela serait le paiement d'une indemnité peut-être considérable. Ce qui démontrait clairement que le prince avait eu seulement pour but d'effrayer messire Van der Hameide, était cette circonstance qu'il avait exigé le mariage de Gautier avec une fille du peuple. Le duc savait, comme tout le monde, que cette union était tout à fait impossible; et lui-même l'empêcherait si un gentilhomme déshonorait et humiliait à ce point lui et toute la chevalerie.

Mais ce qui leur avait inspiré le plus de confiance était l'intervention du vieux sire de Varsenare, oncle maternel et parrain de Gautier. Il avait blanchi au service de ses princes, et par sa bravoure à la guerre et par ses sages conseils, il avait acquis beaucoup d'influence. D'après lui, il fallait faire valoir toutes les raisons pour amener le duc à retirer son arrêt. Si ces tentatives échouaient, alors lui, seigneur de Varsenare, s'élèverait hardiment contre la prétention illégale du prince et en appellerait au droit de Bruges pour faire juger par le banc des échevins Gautier qui était bourgeois de Bruges. Le duc n'oserait pas ouvertement se mettre au-dessus de la loi ; et quel serait l'arrêt du banc des échevins? On pouvait le prévoir : un pèlerinage et une indemnité.

Lorsque l'heure de l'audience du duc fut proche, madame Van der Hameide se rendit au palais suivie de ses parents et de ses amis.

Dans l'antichambre elle rencontra beaucoup de chevaliers, même de la cour du prince, qui l'encouragèrent et exprimèrent la conviction que le duc, qui avait ses idées noires hier, serait plus conciliant aujourd'hui et ne parlerait certainement plus du mariage monstrueux de messire Gautier avec une fille sans naissance.

Après quelques minutes d'antichambre un héraut d'armes vint les inviter à le suivre.

Ils entrèrent tous ensemble dans la grande salle d'audience et s'arrêtèrent près de la porte.

Le duc était assis sur son trône. Ce jour-là il n'avait probablement pas d'ambassadeur à recevoir, car on avait déployé peu de luxe et les courtisans et les serviteurs étaient peu nombreux.

Le duc promena un instant son regard froid sur la mère de Gautier et sur les chevaliers de sa suite. Il regarda avec certaine bienveillance la vieille dame dont la figure imposante et encore belle et le port majestueux lui donnaient l'air d'une reine ; mais il ne manqua pas de remarquer que son visage exprimait plutôt un sentiment de révolte ou au moins de fierté blessée que de crainte. La présence d'Adolphe d'Eerneghem sembla lui déplaire ; car, lorsqu'il remarqua ce jeune chevalier, un sourire d'amère ironie courut sur ses lèvres.

Il se leva lentement, descendit jusqu'au pied du trône et fit signe qu'il était prêt à entendre ce qu'on voulait lui dire.

— Approchez ! commanda-t-il.

Madame Van der Hameide et tous ceux qui l'accompagnaient s'avancèrent, s'agenouillèrent et s'écrièrent les mains levées :

— Grâce ! Grâce !

Ils attendirent en silence la réponse du prince.

— Levez-vous tous... Madame Van der Hameide, parlez, nous vous écoutons ! dit le duc.

Les chevaliers obéirent. La mère de Gautier se rapprocha du trône et dit sans montrer beaucoup d'émotion :

— Redouté seigneur, c'est une mère affligée qui vient implorer votre grâce pour son fils, le dernier rejeton d'une famille illustre dont les annales mentionnent à chaque page un acte de dévouement et de sacrifice envers ses souverains. Oui, mon pauvre fils, entraîné par une folle passion, s'est rendu coupable d'une faute condamnable ; mais, gracieux seigneur, la vie d'un homme du peuple qui ose porter ses mains viles sur un chevalier, — l'honneur non souillé d'une fille sans nom pèseront-ils dans la balance de votre justice autant que la vie de mon noble fils, l'honneur et l'avenir d'une illustre maison dont l'arbre généalogique est enraciné dans la nuit des temps ? — En apprenant votre sentence sévère, redouté seigneur, mon cœur de mère fut frappé d'anxiété et de frayeur ; mais la raison me fit bientôt comprendre que cet arrêt ne pouvait être irrévocable dans la volonté du prince. Votre Altesse est le chef et le protecteur de la chevalerie. Dieu vous a confié une mission paternelle : celle de nous défendre contre toute injustice, insulte ou humiliation ; comme à nous celle d'être toujours prêts à verser notre meilleur sang pour votre honneur. Que votre Altesse me pardonne ces paroles. Je reconnais que mon fils est coupable et qu'il doit expier son imprudente faute. Nous sommes prêts à nous soumettre humblement à votre décision suprême et nous indemniserons, selon votre haute volonté, les gens qui ont été lésés. Ce n'est donc pas notre droit que j'invoque, mais votre grâce, redouté seigneur, que j'implore le cœur humilié et les mains jointes... Grâce, grâce !

— Grâce, grâce ! répétèrent les assistants.

— Quelqu'un de vous a-t-il encore quelque chose à dire pour la défense du condamné ? demanda le duc, sans répondre à la prière de la mère de Gautier.

Un chevalier d'âge mûr — messire Van Halewyn — s'avança et dit :

— O seigneur clément ! permettez à un de

vos plus fidèles serviteurs de faire une tentative pour fléchir votre condamnation, si sévère, que toute la chevalerie doit craindre pour l'avenir. Dorénavant il ne serait plus fait de distinction entre les nobles de race illustre et les vilains qui n'ont pu sortir de l'esclavage que grâce à notre condescendance ? Ah ! prince redouté, telle ne peut pas être votre intention. Tout ce qui est noble, tous ceux qui, comme nous, vous implorent en ce moment et qui ont risqué leur vie au service de leurs princes sur plus d'un champ de bataille, lèvent les mains vers vous. Ils vous supplient d'épargner à la chevalerie cette sanglante insulte. Oh ! soyez miséricordieux pour messire Van der Hameide et pour nous tous ! Grâce, grâce !

Les assistants répétèrent encore cette invocation.

Le prince ne répondit pas encore.

Adolphe d'Eerneghem s'avança. Il voulait

faire valoir les services personnels de son ami Gautier; mais à peine avait-il prononcé quelques paroles que le prince l'interrompit avec colère et dit :

— Assez.... Comment est-il possible, messire d'Eerneghem, que vous osiez vous présenter devant nous pour cette affaire ? Si vraiment nous voulions être sévère et tout à fait juste, nous devrions vous faire jeter en prison et vous condamner aussi, même à mort. Ne savez-vous pas que la loi punit les complices d'un crime de la même peine que l'auteur du crime ? Nous connaissons le rôle que vous avez rempli dans cette triste affaire ; mais comme vous avez témoigné de la compassion pour la victime, nous voulons en conclure que l'attentat n'avait pas toute votre approbation. N'oubliez jamais le danger que vous avez couru par votre imprudence. Nous vous pardonnons la tentative que vous avez osé risquer pour la défense de votre malheureux ami ; mais il ne convient pas que vous nous parliez de cette affaire.

Adolphe, tout déconcerté et profondément affligé, recula en silence.

Le duc jeta un regard sur les chevaliers pour voir s'il y en avait encore qui eût quelque chose à faire valoir en faveur du chevalier condamné.

Puis il prit la parole et dit avec un accent solennel :

— La loi qui, en cas de crimes aussi graves, ne fait pas de distinction entre nobles et manants, ordonne la peine de mort contre les assassins et les ravisseurs de femmes. Messire Van der Hameide a donc deux fois mérité de perdre la vie. A notre avènement au trône nous avons, dans toutes les villes, pris Dieu à témoin que nous respecterions et ferions respecter la loi. Nous voulons tenir parole. Nous savons bien que pendant le long règne de feu notre père beaucoup d'abus et une grande légèreté de mœurs se sont introduits. Nous savons que chez certains membres de la chevalerie c'est devenu une habitude de n'estimer les gens du peuple que comme un vil bétail. Nous savons aussi que ces victimes du bon plaisir nous dénoncent à Dieu et crient vengeance contre nous. Cela doit cesser, messires, et le seul moyen est d'appliqer la loi sans distinction de personnes. Nous n'oublions pas que vous avez tous rendu de grands services à nos prédécesseurs, et que vous êtes encore prêts à donner vos biens et à verser votre sang pour le trône et pour le prince. Quant à messire Van der Hameide, chacun a pu remarquer que nous avions l'intention de le combler de notre faveur particulière. Mais si nous sommes prêts à récompenser tous les mérites, la justice exige de nous que nous punissions les méfaits avec la même équité. Messire Van der Hameide est doublement coupable. Il faut un exemple. Un sentiment de compassion pour sa pauvre mère nous a poussé — malgré nous cependant — à faire usage de notre droit de grâce et de lui accorder la vie, à condition qu'il prenne pour femme la jeune fille enlevée...

Malgré le respect dû au prince, les chevaliers montraient par leurs gestes et par leurs murmures la profonde indignation que cette sentence leur inspirait.

— Oh! nous savons, messires, reprit le duc, que la mort vous effraie moins qu'un mariage aussi humiliant. Si messire Van der Hameide doit mourir pour expier son crime, tous ceux qui ne sont pas ses parents auront bientôt oublié sa disparition ; mais ce mariage, par lequel un chevalier aurait à payer l'honneur d'une jeune fille du peuple de l'honneur de sa race, serait un exemple qui survivrait éternellement dans la mémoire de nos descendants. C'est pourquoi nous maintenons irrévocablement notre sentence. Messire Van der Hameide se mariera avec la fille du peuple ou il paiera son double crime de sa tête.

Alcidis désespérée mit les mains devant ses yeux pour cacher ses larmes.

Le vieux chevalier de Varsenare s'avança à son tour et dit après s'être incliné profondément :

— Seigneur duc, ma fidélité, mon dévouement vous sont connus. Toute ma vie est là pour témoigner que personne n'a plus de respect et d'amour pour nos princes. Si je me vois forcé dans cette circonstance fatale, ô gracieux seigneur, de vous parler avec une franchise qui touche à la témérité, j'ose espérer que vous ne vous en courroucerez pas, car ma vénération pour mon prince est sans bornes.

— Soyez sans crainte, seigneur de Varsenare. Prenez la défense de votre neveu en toute liberté.

— Prince redouté, dit le vieillard, vous déclarez que vous voulez exécuter et voir exécuter par d'autres les lois que vous avez jurées.

Cette fidélité au devoir doit être agréable à Dieu ; elle est en même temps notre dernier et ferme espoir. Monseigneur le duc, la loi de Bruges, que vous avez aussi juré solennellement d'observer, dit clairement qu'aucun bourgeois de cette ville ne pourra être distrait de ses juges naturels. D'après ce privilège séculaire, aucun bourgeois — chevalier ou manant — ne pourra être renvoyé devant un autre tribunal que le Banc des Échevins. Nous supplions Votre Altesse d'ordonner que messire Van der Hameide, qui est bourgeois de Bruges, soit renvoyé devant le Banc des Échevins, pour que celui-ci juge et se prononce sur l'accusation qui pèse sur lui.

Un sourire amer contracta les lèvres du duc, surpris et visiblement mécontent.

— Notre prince, sage et clément ne voudra pas se mettre au-dessus des lois dont il a juré lui-même devant Dieu d'assurer la fidèle exécution, ajouta le vieux seigneur de Varsenare.

— Nous vous comprenons, murmura le duc Charles courroucé, vous croyez que le Banc des Échevins acquittera le coupable et ne le condamnera qu'à l'amende ?

— Nous l'espérons, gracieux seigneur; la justice est la justice, et vous ne sauriez nous en vouloir si, pour sauver un malheureux chevalier de la mort et du déshonneur, nous invoquons une loi qui jusqu'ici a été respectée par tous nos souverains.

— Messire de Varsenare, vous êtes un avocat habile, dit le duc. Vous pourriez cependant être déçu dans votre attente. Quoi qu'il en soit, la justice est la justice, en effet, et nous donerons les ordres nécessaires pour faire conduire messire Van der Hameide devant le Banc des Échevins à Bruges. Quelle que soit sa sentence, elle sera exécutée. Allez en paix maintenant.

—Monseigneur, dit madame Van der Hameide, il m'est pénible de ne pas pouvoir consoler mon pauvre fils. Je vous en supplie, accordez-moi l'autorisation de le visiter dans sa prison !

— Avez-vous l'intention de lui conseiller d'épouser sa victime ? Non, n'est-ce pas ? Vous vous taisez, madame ? Vous lui donneriez de mauvais conseils ?... Personne ne peut approcher du condamné.

Madame Van der Hameide et sa suite se retirèrent en s'inclinant ; un nouvel espoir brillait sur tous les visages et une étincelle de triomphe éclatait dans tous les yeux. Le duc les regarda partir avec un amer sourire et murmura :

— Ils croient m'avoir pris au piège. Ils osent espérer que le coupable échappera à la mort et en même temps au mariage tant redouté... Ah ! ah ! nous verrons comment se dénouera cette tragédie.

Il fit signe à un héraut d'armes et lui dit :

— Allez chez le bailli de Bruges. Dites-lui de venir immédiatement à la cour.

Lorsque la mère de Gautier entra dans l'antichambre, Adolphe lui dit assez haut pour être entendu par quelques-uns des assistants :

— Madame, voyez là-bas, près de la porte d'entrée, cette jeune fille à côté du vieux paysan. C'est elle...

— C'est elle que mon fils devrait épouser ?

— Oui, la jeune fille de Winghene.

En effet, le vieil Evertand, sa fille et Neliszone étaient là.

Deux serviteurs du palais étaient près d'eux pour indiquer qu'ils étaient sous la protection du duc.

L'apparition des nobles dames avait éveillé leur attention, et ils les regardaient avec curiosité. Ils étaient péniblement surpris de voir avec quel mépris les nobles dames et les chevaliers les examinaient ; ils crurent même entendre qu'on leur lançait des insultes. Begga, honteuse, baissa les yeux ; le vieux Thomas restait calme et impassible en apparence ; Lucas tremblait visiblement.

Depuis plus d'un quart d'heure, le vieil Evertand et surtout sa fille étaient l'objet des railleries des courtisans et des écuyers. Ils les voyaient rire et ricaner d'un air de mépris ; par moments, leurs oreilles étaient frappées par des paroles ironiques faisant allusion à la folie de messire Van der Hameide, qui avait exposé son honneur et sa vie pour une fille de si basse extraction.

Ils furent tirés de cette douloureuse situation par un héraut d'armes qui vint les chercher pour les conduire devant le duc.

A leur entrée dans la grande salle, la vue du prince debout devant son trône, entouré de ses gardes-du-corps, l'épée nue, les fit frémir de crainte et de respect. Lucas tout tremblant essayait de se cacher derrière le vieux Thomas.

— Ne craignez rien, braves gens, et approchez-vous, dit le duc. Je veux réparer, autant qu'il est en moi, le mal que vous avez souffert. Approchez donc.

Ils obéirent et tombèrent à genoux.

— Gracieux prince, pardonnez-moi, dit le vieux Kerle. J'ai eu la témérité d'accuser mes souverains; mais mon repentir est sans bornes. Soyez béni, monseigneur, mille fois béni ! Vous m'avez rendu ma fille.

— Vous êtes pardonné, brave homme. Levez-vous et approchez encore ; vous aussi, jeune homme, ne tremblez pas et écoutez ce que je vais vous dire : Votre fils est mort ; rien ne peut vous le rendre. L'honneur de votre fille a été flétri...

— Non, non, monseigneur, Dieu l'a protégée.

— Oui, mais le monde ne le croira pas. Vous devez être dédommagés. Si l'on vous offrait beaucoup d'argent, vous déclareriez-vous satisfaits ?

— De l'argent pour prix de la vie de mon fils? s'écria le vieillard indigné. Chaque pièce d'or me paraîtrait tachée de sang et me brûlerait les doigts. Non, non, je ne veux pas d'argent, je ne demande que justice.

— Justice? je vous l'ai faite en condamnant le coupable à l'échafaud. Mais quel avantage en retirerez-vous? J'ai trouvé un autre moyen de faire un exemple et de vous donner réparation. J'ai décidé irrévocablement que messire Van der Hameide prendra votre fille pour femme.

Ils ne pouvaient en croire leurs oreilles, et regardaient le duc avec une stupeur mêlée de crainte.

— Qu'en dites-vous, jeune fille? demanda-t-il, vous seriez châtelaine et femme d'un grand seigneur.

La jeune fille refoula ses larmes. L'indignation et la haine de son ravisseur lui donnaient des forces, et elle répondit d'une voix claire :

— Seigneur duc, pardonnez-moi d'oser résister à votre volonté !... Moi, la sœur du pauvre Jacob, devenir la femme de son meurtrier? Je ne suis qu'une faible femme, mais aucune puissance au monde ne saurait m'y contraindre.

Ses yeux brillaient fièrement et ses gestes avaient une énergie pleine de dignité.

Sa hardiesse surprit le duc. Pourtant il la regardait avec bienveillance. Elle était vraiment belle et touchante ainsi.

— Et vous, brave homme, quel est votre sentiment?

— Ma fille a raison, monseigneur. Ne fût-il pas le meurtrier de mon fils, ce noble gentilhomme ne verrait en Begga que la cause de son malheur et de sa honte, et ce mariage ne serait pour elle qu'un long martyre.

— Ce mariage ou l'échafaud. Il n'y a pas d'autre alternative pour messire Van der Hameide. Vous voulez donc sa mort?

Thomas Evertand baissa la tête et se tut.

— Sa vie est dans vos mains : décidez.

Lucas murmura à l'oreille du vieillard :

— Mon père, ayez pitié de lui. Dites une bonne parole. Il n'a pas fait de mal à Begga.

— Non, monseigneur, nous ne voulons pas de mort. Mais si, pour sauver le meurtrier de mon fils, je dois sacrifier ma fille, eh bien, qu'il subisse la juste peine de son forfait.

— Tous résistent à ma volonté avec la même obstination, grommela le duc Charles. Mais le dernier mot n'est pas encore dit dans cette affaire... Retirez-vous, braves gens ; mes gardes vous reconduiront à votre auberge. Attendez-y jusqu'à demain.

Il se retira, suivi de trois ou quatre serviteurs, dans son cabinet de travail, et ordonna d'introduire le bailli ; puis il fit signe qu'on les laissât seuls.

— Seigneur bailli, dit-il, vous connaissez le

jugement que j'ai rendu contre messire Van der Hameide. Il invoque son droit de bourgeois de Bruges. Je ne veux pas, même en apparence, me mettre au-dessus de la loi. J'ai donc décidé qu'il sera jugé par le Banc des Échevins de la ville. Vous les convoquerez aujourd'hui même : le coupable comparaîtra devant eux, et vous veillerez à ce qu'il ne puisse communiquer qu'avec ses juges.

— Vos ordres seront exécutés, monseigneur, dit le bailli en se levant.

— Un mot encore ; un double crime a été commis : un meurtre et un rapt. Le coupable est en aveu. Quelle condamnation pensez-vous que le Banc des Échevins prononcera ?

— Les juges seront libres, monseigneur : je ne puis prévoir leur sentence, répondit le bailli avec embarras.

— Pas de détours inutiles, dit le duc d'un ton sévère. Vous savez très bien comment on a coutume de rendre la justice, ou plutôt l'injustice, en de pareilles causes. Parlez franchement, je vous l'ordonne.

— Redouté seigneur, dit le bailli, on ne peut pas négliger de prendre en considération l'état des personnes. L'accusé est un chevalier de naissance illustre...

— Et un de vos parents, n'est-ce pas ?

— Oh ! très éloigné, monseigneur... Le plaignant est un homme sans naissance...

— Et à cause de cela, les juges ne condamneront le coupable qu'à une amende et à une réparation pécuniaire à payer aux victimes, n'est-ce pas ?

— Je le crois, monseigneur.

— Mais la loi ne fait pas ces distinctions.

— C'est un usage depuis longtemps établi, monseigneur.

— Eh bien, je veux que cet usage disparaisse. Quoi ! pour assurer l'impunité à un ravisseur, à un meurtrier, on ose invoquer la loi contre le prince lui-même, et les échevins de la ville s'arrogeraient le droit de tourner et de violer la loi à leur gré au profit des riches et des puissants? Il faut que cela finisse, vous dis-je. La loi règnera sur tous. Je prévois bien que je rencontrerai des résistances, mais je les briserai, dussé-je faire verser le sang des juges eux-mêmes. Vous m'entendez, seigneur bailli, dussé-je faire monter sur l'échafaud les juges prévaricateurs ! Allez maintenant ; faites votre devoir ; si les juges résistent, mettez-leur la loi sous les yeux. Ne les laissez pas oublier et n'oubliez pas vous-même que le souverain est institué par Dieu pour être le juge des juges.

Le bailli, pâle et tremblant, sortit à reculons pour exécuter les ordres du duc Charles.

VII

La soirée était proche Madame Van der Hameide était assise à côté de sa fille. Adolphe Van Eerneghem était debout près de la cheminée, regardant le foyer sans feu.

Dans un coin du salon, agenouillé sur un prie-Dieu, priait un chanoine de Saint-Pierre, à Thourout, qui, à la nouvelle de la terrible situation de son neveu Gauthier, était accouru pour consoler madame Van der Hameide et travailler au salut de son fils.

Tout en blâmant sévèrement le double méfait de Gautier, il trouvait la sentence trop rigoureuse, et dès son arrivée, il avait tenté d'être admis auprès du duc, ou d'obtenir l'autorisation de voir son neveu dans sa prison. Mais ses efforts avaient échoué. Le duc ne le recevrait que le lendemain matin, et personne ne pouvait pénétrer auprès du prisonnier, hormis les juges.

Le Banc des Échevins était réuni au bourg et allait prononcer son arrêt.

Tout à coup un frisson nerveux agita madame Van der Hameide, et elle s'écria tout effrayée :

— O mon Dieu, si les échevins le condamnaient à mort !

— Madame, dit Adolphe en lui prenant la main, ne vous tourmentez pas inutilement. Et vous, ma belle Alcidis, séchez vos larmes. Ne savons-nous pas comment le Banc des Échevins juge habituellement de semblables affaires ? pourquoi serait-il plus sévère pour Gauthier que pour d'autres ?

— Vous avez raison, Adolphe ; mais je suis mère : le danger que court mon fils me trouble l'esprit ; des visions effrayantes se dressent devant mes yeux. Je vois l'échafaud, le bourreau...

Alcidis poussa un cri d'effoi...

— Non, mon enfant, ne t'effraie pas ; ce sont de vains rêves. Ton frère nous sera rendu. Nous allons recevoir la nouvelle de son acquittement. Mais l'incertitude seule est un supplice pour le cœur d'une mère.

— Écoutez, on frappe à la porte. C'est le messager ! s'écria Adolphe.

Tous se levèrent pleins d'espoir.

Adolphe voulait courir au devant du messager, lorsque la porte s'ouvrit et livra passage à un vieillard tout vêtu de noir. L'expression de tristesse de son visage les fit trembler.

— Seigneur bailli, vous venez vous-même ! Oh ! parlez, parlez, quelle nouvelle apportez-vous ?

— Une triste nouvelle, madame ! le Banc des Échevins a rendu son jugement !

— Dieu ait pitié de nous! Et ce jugement, quel est-il?

— Prenez courage, mes pauvres amis, tout espoir n'est pas encore perdu.

— Mais ce jugement, ce jugement?

— Ce jugement, dit le vieillard d'une voix sourde et les yeux pleins de larmes, c'est une condamnation à mort!

Un cri d'angoisse retentit, et madame Van der Hameide tomba évanouie dans les bras du prêtre, qui la déposa sur un fauteuil.

On s'empressa autour d'elle, et elle ne tarda pas à reprendre ses sens.

— Mon enfant, mon beau et fier Gauthier, gémit-elle. L'échafaud, le bourreau, la mort! O Dieu miséricordieux, c'en est trop, laissez-moi mourir.

Elle pleurait à chaudes larmes. Adolphe, Alcidis et le prêtre lui-même pleuraient aussi.

Le bailli attendit un moment pour laisser

passer cette première explosion de la douleur maternelle, puis il reprit :

— C'est un grand malheur, mes amis ; mais tout n'est pas perdu, il y a un moyen infaillible de sauver Gauthier.

— Un moyen de sauver mon fils ? oh ! je vous en supplie, indiquez-le moi, mon ami.

— Vous le connaissez, madame, se soumettre à la volonté du duc.

— Mon noble fils épouser une fille de basse extraction ? Oh ! jamais, jamais !

— Non, non, jamais cette honte ! dit Alcidis.

— Alors, c'est son arrêt inévitable, madame.

— Mon malheureux ami a repoussé cette union avec indignation, dit Adolphe. La crainte de la mort ne lui fera pas accepter ce qu'il a refusé à son prince irrité.

— Vous vous trompez sans doute, chevalier, dit le vieillard. Si vous aviez, comme moi, vu Gauthier au moment où on lui a lu sa condamnation, si vous aviez vu son désespoir et entendu ses plaintes, vous penseriez autrement.

— Que vous a dit mon pauvre fils ? consentirait-il à ce mariage ?

— Il ne m'a rien dit, madame, car je n'ai pu lui parler. A quoi bon vous répéter ses plaintes ? ce serait vous affliger inutilement. Il pouvait encore espérer en l'indulgence du duc. Maintenant il ne le peut plus. Je suis convaincu qu'il se soumettra.

— Non, non, s'écria la noble dame qui se regimbait contre la cruelle nécessité, tout n'est pas encore perdu. Nous échapperons à cette mésalliance. Les duchesses m'ont promis d'intercéder pour Gauthier. Le duc ne pourra résister aux prières de sa mère et de sa fille.

— Il m'est douloureux de vous ôter cette espérance, dit le vieillard, mais dans la cruelle extrémité où vous êtes, je ne dois pas vous cacher la vérité. Je viens de chez le duc, à qui j'ai été chargé de porter le jugement. Les deux duchesses l'ont supplié devant moi : elles ont prié et pleuré. Rien n'y a fait ; il n'y a plus d'espoir. Vous ne connaissez pas le duc : il est inébranlable comme un roc. Rien ne peut le faire changer quand il a pris fermement un parti. Décidez-vous, madame, sauvez votre fils de la mort, les instants sont précieux ; demain matin à cinq heures, la sentence doit être exécutée.

— Mon fils sur l'échafaud, c'est impossible !

— Acceptez cette union, madame !

— Déshonorer pour jamais notre illustre maison, notre race sans tache.

— Mais, madame, si votre fils mourait par la main du bourreau, sa mort ne serait-elle pas pour vous une honte éternelle. Des deux côtés, c'est la honte. Et une mère peut-elle hésiter quand il s'agit de la vie de son fils ?

— Ma pauvre sœur, dit le chanoine, il faut vous soumettre, si pénible que cela vous semble ; il faut accepter ce mariage. L'échafaud est une honte que rien n'efface. Tout le monde saura que cette union avec une paysanne lui est imposée par l'inflexible volonté du duc. Sauvez la vie de votre fils ; les nobles n'auront pour lui que de la pitié.

Madame Van der Hameide et sa fille luttèrent quelque temps encore, mais elles finirent par se rendre aux raisons qu'on leur donnait ; vaincues et fondant en larmes, elles consentirent enfin. Mais comment approcher de Gauthier pour le décider à se soumettre aussi à la volonté du prince.

D'après le bailli, ce n'était pas la plus grande difficulté à surmonter. La jeune fille et son père avaient repoussé cette union avec énergie. Il fallait leur consentement pour contenter le duc. Et s'ils le refusaient ?

— Avec de l'argent nous obtiendrons tout de ces gens-là, dit madame Van der Hameide. Nous ne regarderons pas au chiffre ; il s'agit de la vie de mon fils.

— Ah ! madame, vous ne les connaissez pas, dit Adolphe.

— Aucun sacrifice ne me coûtera pour mon fils. Demain, je ferai chercher ces rustres, ou même j'irai les trouver, et je leur offrirai tant d'argent qu'ils accepteront à deux genoux.

— Demain, il sera trop tard, madame.

— Mais comment les trouver encore aujourd'hui ?

— Ils sont logés à *l'Éléphant d'or*, au bout de la rue Saint-Jean. Je vais les chercher.

— Et s'ils refusent de venir ?

— Ne suis-je pas le bailli de Bruges. Tout le monde n'est-il pas tenu de m'obéir ? Attendez avec calme. Dans un quart d'heure je serai de retour. Je ne leur dirai pas ce que vous voulez leur proposer. Les prières d'une mère au désespoir auront plus de pouvoir sur eux que mes conseils.

Il sortit à ces mots. Le chanoine s'efforça de consoler et de rassurer les deux dames. Mais

Adolphe, qui connaissait cette étrange race des Kerles, craignait leur obstination. Il fut résolu que le chanoine, que son caractère sacré devait faire écouter avec respect, serait chargé de prendre la parole.

Lorsque le bailli ramena Evertand, sa fille et Lucas Neliszone, madame Van der Hameide et sa fille ne purent retenir un mouvement d'aversion.

Les trois Kerles s'inclinèrent légèrement, mais sans timidité. On ne lisait dans leurs yeux que la défiance et l'hostilité. Le bailli avait dû invoquer son autorité pour les amener, et ils craignaient qu'on ne leur tendît un piège. Ils n'avaient pas oublié non plus le regard de haine et de mépris que leur avaient jeté la mère et la sœur de Gauthier dans l'antichambre du duc.

— Messieurs, dit le vieux Thomas d'un ton très calme, on nous a contraints de venir ici. Que nous veut-on ?

— Nous voulons vous faire une prière et une proposition, bonnes gens, dit le chanoine en s'avançant. Soyez bons et prenez pitié d'un pauvre chevalier. Il est coupable, et nous déplorons du fond du cœur ses torts envers vous. Dieu ne refusera pas de pardonner au pécheur. Serez-vous moins miséricordieux que lui? Chassez de votre esprit le désir de la vengeance.

— Nous ne désirons point la vengeance, mon révérend père, répondit Thomas. Peut-être serait-ce notre devoir d'exiger la punition du meurtrier de mon pauvre fils, mais nous sommes chrétiens. Si l'on ne demande que notre pardon, nous le donnons au coupable. Est-ce tout? alors qu'on nous laisse retourner à notre auberge.

— Non, ce n'est pas tout. Écoutez-moi patiemment et avec indulgence. Savez-vous que notre illustre prince a permis que le sire Van der Hameide fût traduit devant le Banc des Échevins?

— Nous le savons.

— Eh bien, le Banc des Échevins l'a condamné à mort. Demain il doit monter sur l'échafaud.

— Nous le regrettons. Nous ne voulions pas sa mort, répondit froidement Thomas. La loi est cruelle ; mais que pouvons-nous y faire ?

— Ayez pitié du désespoir d'une mère. La perte de son enfant serait pour elle le coup de la mort.

— Je le sais, dit le vieillard d'un air sombre ; j'ai été frappé de ce coup-là, et mon cœur en saignera toujours.

— Vous seuls pouvez sauver le malheureux chevalier, vous seuls. Vous êtes chrétiens, dites-vous. Dieu vous voit et vous entend. Resterez-vous insensibles ?

— Nous sommes prêts à aider à le sauver, mon père. Qu'avons-nous à faire pour cela ?

— Le duc a promis de lui faire grâce à la

condition qu'il épousera votre fille. Vous avez repoussé cette union.

— Certes, et nous la repoussons encore avec la même énergie ! s'écria Thomas avec colère.

— Épouser le meurtrier de mon frère ! Jamais ! s'écria Begga.

— Jamais, jamais, répéta Lucas.

— Ne prenez pas de résolution précipitée, bonnes gens, reprit le prêtre. Si vous restiez inflexibles, le sang du chevalier retomberait sur vos têtes, et Dieu vous demanderait compte de votre dureté. Nous vous demandons un grand service, un sacrifice pénible. Aussi nous sommes prêts à vous en récompenser généreusement et à vous donner autant d'argent que vous voudrez, pourvu que vous consentiez à ce mariage que nous impose à tous l'inébranlable volonté du duc. Sauvez le pauvre chevalier.

— De l'argent? ricana Thomas.

— Assez pour vous mettre à l'abri du besoin.

— Nous avons toujours gagné notre pain à la sueur de nos fronts, nous le gagnerons encore, répondit fièrement le vieillard. Je ne vends pas le sang de mon fils pour de l'argent !

Madame Van der Hameide comprit qu'elle n'avait pas affaire à des gens aussi grossiers qu'elle se l'était imaginé. Elle surmonta son aversion, et d'une voix suppliante :

— Bonnes gens, ayez pitié de ma douleur. Consentez, je vous donnerai deux cents écus d'or.

— Je ne veux pas de votre argent, madame, grommela Thomas.

— Cinq cents ?

— Non !

— Mille, deux mille ?

— Pas pour tous les trésors du duc !

— Et vous, ma bonne fille, venez à mon aide, s'écria la mère de Gauthier en tendant les mains à Begga. Vous êtes femme ; votre cœur ne sera pas insensible à la prière d'une mère. Sauvez mon fils, je vous aimerai comme ma fille.

— Votre douleur m'arrache des larmes, madame, répondit Begga émue ; mais épouser le meurtrier de mon frère, c'est impossible, impossible !

Madame Van der Hameide se laissa tomber sur une chaise en poussant un cri désespéré.

— Mais vous êtes donc de pierre ! s'écria le bailli avec indignation. Vous restez insensibles aux prières, aux larmes de cette mère désespérée ! Quel orgueil insensé vous aveugle ? Vous oubliez qui vous êtes et qui elle est, celle que vous faites pleurer sans pitié.

— Nous ne l'oublions pas, répliqua le vieillard, et c'est pourquoi rien ne peut nous faire accepter ce mariage.

— Ne comprenez-vous point que par votre refus vous signez l'arrêt de mort du jeune seigneur, que vous devenez ses bourreaux, que c'est vous qui versez son sang? Allons, soyez mieux avisés. Renoncez à cette folle obstination que vous regretteriez toute votre vie. Acceptez le trésor qu'on vous offre volontairement et de bon cœur.

— Ne nous parlez plus d'argent, dit le vieux Thomas. Le désespoir de cette noble dame me désole. Nous sommes prêts à tout, excepté à ce mariage. Nous irons, s'il le faut, nous jeter aux pieds de notre gracieux duc, soit seuls, soit avec vous. Nous lui dirons que nous sommes satisfaits, que nous avons tout pardonné... Mais ce mariage! non, jamais!

Alcidis s'approcha de Begga qui pleurait et ne levait plus les yeux. Elle lui prit la main:

— Vous pleurez! vous avez pitié de notre affreux sort. Mon frère est coupable; mais n'est-ce pas son amour pour vous qui l'a égaré? Soyez miséricordieuse, sauvez-lui la vie! Acceptez sa main, devenez ma sœur!

Begga sanglotait tout haut, mais elle secoua la tête en signe de refus.

La jeune demoiselle, presque folle de désespoir, prit aussi la main de Lucas.

— Et vous, jeune homme, s'écria-t-elle, vous paraissez bon et compatissant. Pardonnez-nous la triste mort de votre frère ; conjurez votre sœur de consentir.

— Noble demoiselle, répondit Neliszone en pleurant, je donnerais mon sang pour pouvoir vous satisfaire ; mais je ne suis pas son frère ; je suis son fiancé. Ce mariage serait ma mort.

Alcidis poussa un gémissement et se jeta en sanglotant au cou de sa mère.

Adolphe de son côté essaya de les fléchir, mais tout fut inutile.

Le chanoine qui, pendant quelque temps, était resté plongé dans ses réflexions, se leva tout à coup et dit avec un sourire joyeux :

— Mes amis, rien n'est perdu. Dieu, à qui

j'ai adressé une fervente prière, vient d'éclairer mon esprit. J'ai trouvé le moyen de sauver Gautier.

— Parlez, parlez !

— Eh bien ! le duc veut que Gautier épouse cette jeune fille. Il l'épousera en effet ; mais ce ne sera qu'un semblant de mariage. Ou plutôt, — je m'exprime mal, — le mariage sera réellement célébré, sans aucune solennité cependant, mais aussitôt après, je partirai pour Rome avec mon neveu, et je me fais fort d'obtenir de notre Saint-Père qu'il casse cette union imposée par la force et disproportionnée. Gautier n'aura pas vécu un seul instant sous le même toit que sa femme, et il me sera facile de faire anéantir ce mariage incomplet. Les nouveaux époux ne resteront donc unis en apparence que pendant quelques mois, puis chacun d'eux recouvrera sa pleine liberté. Et si Begga veut donner sa main à ce jeune homme, son promis, rien ne pourra l'en empêcher. Mon neveu échappera ainsi à la honte et à la mort.

La mère et les parents de Gautier applaudirent vivement; mais le vieux paysan secoua la tête d'un air sombre et désapprobateur.

— Quoi! vous refusez? s'écria le bailli irrité. C'est donc par vengeance que vous voulez faire monter le jeune gentilhomme sur l'échafaud?

— Seigneur bailli, vos amères paroles ne m'épouvantent pas, dit Thomas Evertand. Je suis père, et connais mon devoir.

— Que craignez-vous donc? Croyez-vous que ce respectable prêtre soit capable de vous tromper?

— Je crois à votre sincérité, seigneur, mais je crains un mécompte que vous n'auriez pas le pouvoir de redresser. Si ma fille devait rester unie au chevalier, nous en mourrions de désespoir, elle et moi.

— Et moi aussi, sanglota Lucas.

— Vous n'avez donc pas compris M. le chanoine ?

— Parfaitement ; mais si le pape refusait de rompre le mariage ?

— Soyez sûr qu'il ne refusera pas, dit le chanoine. Un mariage imposé par la force, subi des deux côtés comme une nécessité inévitable, n'est même pas légal et ne peut être maintenu.

— C'est égal, je refuse.

— O ciel ! vous resteriez impitoyable ? gémit madame Van der Hameide. Quoi ! vous seriez le bourreau de mon pauvre enfant ? Oh ! laissez-vous fléchir, voyez mes larmes, ayez pitié de moi. Vous recevrez deux cents écus d'or. Plus encore si vous l'exigez.

— Acceptez, acceptez, souffla Neliszone à l'oreille de sa promise ; nous nous marierons plus tard, et nous serons riches, très riches.

La jeune Alcidis saisit les mains de Begga et la supplia de se laisser fléchir. Begga vaincue, joignit ses prières à celles de madame Van der Hameide et de sa fille ; Lucas se mit également de la partie, si bien qu'à la fin Thomas Evertand, après une longue et énergique résistance, céda aux supplications de sa fille et de Lucas, et se déclara prêt à faire tout ce que lui dirait le bailli. Cette victoire remplit de joie toute la famille de Gautier. Au moment où le vieux Kerle allait se retirer avec sa fille et Lucas, le bailli les retint en disant :

— Encore un mot : personne ne peut rien savoir de ce qui a été projeté et arrêté ici, car si le duc venait à l'apprendre, il serait impitoyable, et messire Gautier monterait sur l'échafaud. Que chacun croie que nous nous soumettons simplement à la sentence.

— Nous comprenons cela fort bien ; soyez tranquille à ce sujet, seigneur bailli.

— A demain donc, un peu avant neuf heures. Je viendrai vous chercher, et nous irons tous ensemble chez le duc.

VIII

Le lendemain matin, lorsque madame Van der Hameide et sa fille, ainsi que les trois pauvres habitants de Winghene entrèrent dans l'antichambre du palais, ils furent frappés de surprise et d'angoisse en voyant désertes et silencieuses les salles ordinairement remplies de la foule brillante des courtisans et des pages. Qu'est-ce que cela signifiait ? Que pouvait-il être arrivé ?

Un page apprit à madame Van der Hameide atterrée que le duc était parti de bon matin pour l'Écluse, afin de veiller aux apprêts de la réception de sa royale fiancée, et qu'il reviendrait on ne savait quand, peut-être le soir.

La mère de Gautier faillit s'évanouir.

— Madame, lui dit le bailli, vous avez tort de vous désespérer. Partez à l'instant pour l'Écluse. Vous y serez en moins de deux heures.

— Oui, oui, partons à l'instant ; ne perdons pas une minute, mes amis.

— Attendez un moment, ma sœur, dit le chanoine. Peut-être pourrai-je maintenant voir mon neveu ; si je vous apportais son consentement, son salut serait certain.

Grâce à son habit religieux, le chanoine parvint à pénétrer jusqu'auprès du commandant de la garde qui veillait sur le prisonnier.

— Mon bon Conrad, lui dit-il, ne repoussez pas ma prière. La vie de mon pauvre neveu peut dépendre de votre bon vouloir. Je viens lui conseiller de se soumettre à la volonté du prince, et d'accepter ce mariage.

— Ce serait inutile, mon révérend, le jeune homme ne veut pas en entendre parler.

— J'ai à lui dire des choses qui le décideront.

— Je regrette de devoir vous refuser, mais personne ne peut communiquer avec le prisonnier. Il y va de ma tête.

— Mais je suis prêtre ; on ne peut pas refuser à un condamné les secours de la religion.

— Il est déjà venu un prêtre dans la prison. Le jeune chevalier est préparé à l'éternel voyage.

— O ciel, le duc aurait-il avancé l'heure de l'exécution ?

— Non, mon révérend, c'est pour aujourd'hui à cinq heures.

— Et quel est le prêtre qui a préparé mon neveu à la mort ?

— Je ne puis vous le dire.

— Quel excès de précautions cruelles ! Et rien ne peut me donner accès auprès de mon neveu ?

— Rien, mon révérend, aussi je vous supplie de quitter le palais sans retard.

Le chanoine retourna auprès de madame Van der Hameide et lui fit part de son insuccès. On se décida donc à partir sur-le-champ pour l'Écluse. Une voiture fut attelée où prirent place la noble dame et sa fille. Thomas Evertand et sa fille montèrent à cheval, et l'on partit ventre à terre.

Lorsque la pauvre mère éplorée arriva à l'Écluse, vers midi, le sire de Ghistelles qu'elle rencontra lui apprit que le duc était arrivé le matin, en effet, mais qu'il était allé faire une excursion sur la Zwen, et de là dans la mer du Nord. Il fallait donc attendre son retour. Contretemps fâcheux qui mit la patience de la noble dame à une rude épreuve.

Enfin, au bout d'une heure et demie, on aperçut de loin l'embarcation du duc qui rentrait au port.

Le duc Charles, en rentrant en ville, aperçut

de loin la vieille dame, et lui fit dire par un de ses officiers qu'il était prêt à lui donner audience !

Elle s'empressa de se rendre à l'invitation et trouva le prince entouré d'une dizaine de chevaliers et de conseillers. Il souriait et paraissait de joyeuse humeur.

La mère de Gautier et ses compagnons s'agenouillèrent devant lui et attendirent dans cette humble posture qu'il daignât leur adresser la parole.

— Levez-vous, madame, et vous aussi, bonnes gens, dit le duc avec un sourire aimable. Vous nous apportez sans doute une nouvelle qui doit nous réjouir. Confirmez notre espérance, parlez, madame.

— Redouté seigneur, répondit madame Van der Hameide, Votre Altesse a daigné promettre à mon fils de lui faire grâce s'il consentait à épouser cette jeune fille. D'abord une pareille mésalliance nous effrayait tous, même ces braves gens. Mais depuis, mieux avisés, nous venons implorer votre pardon et vous dire que nous nous soumettons à votre volonté souveraine.

— Ainsi, brave homme, vous avez consenti à ce mariage ? demanda le duc avec méfiance.

— Oui, monseigneur.

— De votre plein gré ?

— De mon plein gré.

— Et vous, ma fille, personne ne vous a contrainte ?

— Personne, gracieux seigneur.

— Cela nous étonne. Hier encore vous disiez que cette union vous ferait mourir de chagrin tous les deux. Croyez-vous maintenant qu'elle peut vous rendre heureux ?

— Ce qui nous rendra heureux, monseigneur, répondit le vieillard d'une voix ferme, c'est l'idée que nous rendrons le bien pour le mal, et que nous conserverons ainsi à cette noble dame son fils unique.

— C'est très beau de votre part. Vous êtes de braves cœurs. Nous souhaitons ardemment de pouvoir faire grâce au chevalier... Votre fils, madame, est donc décidé à se soumettre à notre volonté? sans réticence et en pleine sincérité, n'est-ce pas?

— Mon fils, monseigneur? balbutia madame Vander Hameide en hochant la tête. Personne n'a pu l'approcher, et moi-même je l'ai tenté sans succès.

Une expression de dépit assombrit le visage du duc.

— En effet, dit-il, nous n'y pensions pas. Jusqu'à ce matin, le jeune homme a obstinément refusé. Si vous n'avez pas à m'annoncer son consentement, que venez-vous faire ici, madame?

— J'espérais obtenir de votre bon cœur la grâce de mon pauvre enfant, dit la mère de Gautier d'une voix tremblante, mais je sens maintenant, à mon grand chagrin, que je dois attendre encore. Que Votre Altesse me permette de parler à mon fils : je le déciderai bien à se soumettre humblement à la volonté de son souverain.

— Et vous croyez réussir, madame ? Tout est possible, mais nous n'y comptons pas. Vous semblez ne pas douter du succès ? Posséderiez-vous donc un moyen suprême de convaincre votre fils ?

— Oui, monseigneur, un moyen infaillible.

— Et de quelle nature est-il ce moyen ?

Madame Van der Hameide frémit et pâlit.

— Vous ne répondez pas ? Vous vous trompez vous-même, madame. Votre fils a déclaré hautement, à plusieurs reprises, qu'il ne pliera pas.

— Grâce! grâce! prince magnanime! bégaya la pauvre mère en pleurant. Ce que j'ai à dire à mon fils est le plus cher secret de mon cœur déchiré. Je vous en supplie, permettez-moi de le garder.

— Soit, madame, vous désirez voir votre fils pour lui donner de bons conseils, n'est-ce pas ? C'est bien, nous vous le permettons. Mais ne négligez rien pour triompher de son obstination, car nous vous le déclarons : s'il ne se soumet pas, le bourreau exécutera la sentence du Banc des Échevins, et la ville de Bruges apprendra, par cet exemple, que dans nos États il ne suffit pas d'être noble et d'une famille illustre pour jouir de l'impunité. Vous allez recevoir sur-le-champ notre autorisation écrite, car vous n'avez pas de temps à perdre si vous ne voulez pas arriver trop tard.

Il allait s'éloigner, mais madame Van der Hameide se jeta à ses pieds en s'écriant :

— Ah ! monseigneur, ayez pitié de moi. Si mon fils se soumet, qui retiendra la main du bourreau en votre absence ? Donnez-moi du moins un de vos chevaliers pour m'acompagner et faire retarder...

— Inutile, interrompit le prince. Nous partons nous-même dans quelques instants, et nous serons à Bruges avant vous. Allez, madame, hâtez-vous. Nous souhaitons de tout cœur que vous réussissiez sans cependant l'espérer. Adieu.

Le prince fit signe à son conseiller Antoine-Michel, et sortit avec lui. Ce dernier revint bientôt avec un parchemin scellé qu'il remit à la noble dame. Celle-ci, sans perdre une minute, salua les chevaliers et s'éloigna avec sa suite.

Au moment où madame Van der Hameide et ses compagnons, dans leur course précipitée, approchaient de Damme, ils entendirent derrière eux un galop furieux de chevaux. Ils se retournèrent et virent arriver à fond de train, dans un nuage de poussière, le duc Charles et ses chevaliers dont le soleil faisait étinceler les armures d'acier.

La mère de Gautier et ses compagnons se rangèrent sur les accotements de la route, et le duc, en passant au galop, leur fit un léger salut plein d'encouragement.

En traversant Damme, madame Van der Hameide entendit, non sans effroi, l'horloge de la ville sonner quatre coups. Il ne lui restait plus qu'une heure pour sauver son fils.

Adolphe Van Eerneghem et Lucas Neliszone, tous deux à cheval, les attendaient sur la route aux portes de la ville. Sans laisser au fiancé de sa fille le temps de l'interroger, la noble dame lui dit, sans ralentir sa course :

— Vite, Adolphe, suivez-nous, nous n'avons pas une minute à perdre. Le duc nous a permis de voir Gautier dans sa prison. En avant, en avant.

Ils n'avaient pas échangé vingt paroles lorsqu'ils rentrèrent à Bruges. A mesure qu'ils approchaient du centre de la ville, ils furent contraints de modérer leur allure ; car il y avait tant de monde sur pied que, malgré leurs appels, ils ne pouvaient avancer librement sans risquer d'écraser les femmes et les enfants.

La vue de cette foule descendant vers le marché comme un torrent, leur inspirait une terreur mortelle et les faisait haleter d'inquiétude. Ils comprenaient à quel sanglant spectacle la curiosité poussait le peuple de Bruges... Mais, Dieu merci, il n'était pas trop tard. Madame Van der Hameide serrait sur sa poitrine la grâce de son fils ; le bourreau n'accomplirait pas cette sanglante besogne.

Lorsqu'elle descendit duvant le palais, elle trouva un héraut d'armes chargé par le duc de la conduire auprès de son fils avec sa suite.

Sur l'ordre du capitaine Conrad, le geôlier ouvrit la porte de la prison qui cria sur ses gonds ; un cri de joie retentit, et Gautier tomba dans les bras de sa mère.

Mais lorsqu'il aperçut Begga, son frère et Neliszone, son visage se couvrit de confusion d'abord, puis il recula de deux pas et leur jeta un regard hautain comme pour leur demander ce qu'ils venaient faire là.

— Ma mère, ma mère, soupira-t-il, je vais mourir ; mais pourquoi ces gens ?...

— Mourir ? interrompit la noble dame en serrant convulsivement son fils dans ses bras pour étouffer ces affreuses paroles sur ses lèvres, mourir ! Non, non, mon Gautier, tu vivras, nous t'apportons la délivrance avec la liberté.

— La liberté ? Ah ! si c'était vrai ! Le duc m'a-t-il donc fait grâce ?

— Pas encore, mon fils, mais il te la fera.

— Sans conditions ?

— Ses conditions, il te les a fait connaître lui-même, mon fils.

Gautier pâlit ; un éclair d'indignation brilla dans ses yeux.

— Quoi, ma mère, dit-il d'un air sombre, et vous, ma sœur, vous avez pu espérer que je courberais la tête devant l'injustice du duc ?

Moi, prendre cette fille pour femme ? Jamais, jamais. La mort sur l'échafaud est moins ignominieuse.

— O Gautier, mon enfant, tais-toi. Tu consentiras, c'est certain.

Un sourire amer fut la seule réponse de Gautier. Sa mère lui prit la main, et pour ne pas être entendus des gardes et du geôlier qui attendaient à la porte, elle l'entraîna dans un coin de la prison où elle lui parla longuement à l'oreille, pour lui faire part du projet adopté.

Tous les assistants les regardaient en frémissant d'effroi, car le jeune homme ne cessait de secouer la tête d'un air mécontent, et de se mordre les lèvres.

— Ah ! venez tous à mon aide, il refuse d'écouter mes supplications ! s'écria tout à coup la pauvre mère, qui se jeta en sanglotant au cou de sa fille.

Mais le jeune homme ne leur en laissa pas

le temps : il fit un pas vers eux, et dit d'un ton calme et solennel :

— Ma mère, pardonnez-moi l'affreuse douleur que je vous cause. Mon amour pour vous, mon respect pour le nom de mon père m'obligent à repousser votre conseil. Si je meurs sur l'échafaud, la postérité saura que j'ai été victime d'une cruelle justice. Notre écusson n'en sera pas terni, et les chroniques ne raconteront pas que votre fils, dernier rejeton d'une race illustre, n'a pas eu le courage de préférer la mort à la honte.

Madame Van der Hameide et tous ses compagnons étaient tombés à genoux, et levaient leurs mains suppliantes vers le chevalier.

—Épouser cette fille ? racheter ma vie au prix d'une lâcheté, déshonorer mon nom et la chevalerie tout entière ? Non, ma mère, plus tard vous me mépriseriez ; maintenant, au contraire, vous honorerez et vous bénirez ma mémoire, car vous pourrez dire avec orgueil :

j'avais un fils qui fut digne du nom de son père et de mon amour.

Puis, se tournant vers Begga, il ajouta :

— Et vous, jeune fille, vous, gens de Winghene, vous avez pitié de mon sort, je vous en remercie et vous demande pardon de tout le mal que je vous ai fait. Je déplore mon égarement, mais, ni mes regrets, ni les larmes de ma mère, ni la crainte de la mort, rien ne peut me faire oublier que je suis chevalier...

Un tintement de cloche retentit.

— Malheur, malheur ! Cinq heures sonnent, gémit madame Van der Hameide. Vite, vite, Gautier, sinon, il est trop tard.

— Il est toujours trop tôt pour devenir un lâche, ma mère, répondit l'inflexible jeune homme.

— Écoute, écoute, on vient te chercher... Pitié, pitié, mon enfant !

Et elle se traîna à genoux à ses pieds.

En ce moment le duc parut avec une garde

nombreuse. Le bourreau l'accompagnait, le glaive nu.

— Eh bien, messire Van der Hameide, demanda-t-il, est-ce notre volonté ou la vôtre qui prévaudra? Que choisissez-vous? notre grâce ou la mort?

Gautier s'avança la tête haute.

— Seigneur duc, dit-il d'une voix ferme, vous êtes mon souverain et je vous ai longtemps aimé et respecté comme c'était mon devoir. Mais à présent, devant le glaive du bourreau, qu'il me soit permis de vous dire la vérité sans crainte. Je suis coupable, très coupable; mais vous, au lieu de proportionner la peine à mon crime, vous voulez couvrir mon nom de honte, et vous me condamnez à l'échafaud. Votre but est d'humilier la chevalerie pour faire plaisir aux gens du peuple; mais vous n'y réussirez pas, monseigneur. D'autres encore sauront mourir comme moi pour protester contre votre injustice. Ce qui triomphera ici, monseigneur, ce n'est ni votre volonté ni la mienne, c'est l'honneur de la chevalerie.

— Assez, téméraire, assez ! s'écria le duc, les yeux enflammés de colère ! Pourquoi avez-vous oublié alors que vous portiez un nom illustre ? Vous êtes un ravisseur et un meurtrier...

Tous les assistants se traînaient aux pieds du prince irrité en criant grâce, madame Van der Hameide embrassait ses genoux.

— Paix ! s'écria-t-il, silence sur votre vie !

Et se tournant vers Gautier, il demanda :

— Vous refusez donc notre grâce ? C'est bien la mort que vous choisissez ?

— La vie à ce prix serait une lâcheté : je préfère la mort ! répondit Gautier que sa mère et sa sœur essayaient en vain de retenir.

— Ainsi soit-il ! dit le duc en faisant un signe de la main. Gardes, qu'on le conduise à l'échafaud. Bourreau, que votre glaive atteste devant le peuple mon inexorable justice !

Le jeune gentilhomme fut entraîné hors de la prison.

Un cri terrible résonna sous les voûtes, et madame Van der Hameide tomba sans mouvement à l'endroit même où elle avait serré son fils sur son cœur pour la dernière fois.

LE GOUTTEUX

I

Cela se passait il y a vingt-cinq ans au moins. Si nous ne nous trompons pas, c'était en l'année 1852.

Dans ce temps-là, parmi les hommes de lettres anversois, — la plupart jeunes gens spirituels et aimant à bien vivre, — la coutume s'était introduite de faire de temps en temps une petite excursion dans les bruyères et les sapinières profondes de la Campine, pour s'y rafraîchir l'imagination par le spectacle de cette nature primitive, et pour recueillir des impressions poétiques.

Un de ces écrivains flamands, en revenant d'une excursion de ce genre, sonna, en passant à Sckildes, à la porte du notaire de l'endroit qui était une de ses bonnes connaissances.

Il ne voulait que lui dire bonjour et lui serrer la main en passant; mais le notaire l'accueillit avec une explosion de joie, le prit par le bras et le conduisit, sans autres explications, dans sa salle à manger.

Cinq ou six personnes étaient assises autour de la table, chargée de fruits et de sucreries, restes d'un festin qui tirait à sa fin. On y voyait en outre de nombreuses bouteilles et une armée de verres de toutes les formes et de toutes les couleurs.

Ces joyeux convives connaissaient probablement le nouveau venu au moins par son nom, car lorsque le notaire le présenta et l'invita à prendre place, tous, sauf un, se levèrent de leur chaise le verre à la main, le remercièrent du plaisir qu'il leur faisait, et burent à la santé de l'auteur de tant de jolis ouvrages sur la Campine, qu'ils étaient heureux de voir au milieu d'eux.

Le nouveau convive les remercia en quelques mots. Puis tout le monde se rassit, et la conversation reprit son cours joyeux. L'éloge du noble vin de Bourgogne y jouait un rôle considérable.

L'écrivain avait beau regarder tous les hôtes du notaire, il ne se souvenait pas d'en avoir jamais rencontré un seul quelque part. D'après ce que le notaire lui apprit par la suite, il y avait là un brasseur, un bourgmestre, un tanneur, un vétérinaire, un médecin et un propriétaire rentier, dont la plupart demeuraient dans les villages environnants. Les deux derniers attirèrent particulièrement son attention.

Le premier, c'est-à-dire le médecin, qui s'était contenté de faire une simple inclination de tête pour saluer l'entrée de l'écrivain, était un homme déjà vieux, d'une grande taille que semblaient exagérer encore la maigreur de ses membres et la pâleur de son visage aux joues creuses.

Tandis que ses compagnons parlaient souvent tous à la fois et ne pouvaient modérer les épanchements de leur gaieté bruyante, il les regardait avec un sourire froid, comme si ce qu'il voyait et entendait autour de cette table ne lui inspirait que pitié et dégoût.

La fumée bleuâtre qui se dégageait en spirales des cigares de la Havane remplissait la chambre comme d'un brouillard. Le docteur seul ne fumait pas ; et comme pour braver ou railler les artistes, il ne buvait que de l'eau claire.

Le rentier, quoiqu'il fût son concitoyen et son bon ami, se moquait bruyamment de cette sobriété exagérée ; mais le docteur lui répondait avec le plus grand calme :

— Dites ce que vous voulez, mes amis ; moquez-vous de ma sobriété ; riez de ma maigreur ; je n'ai jamais été malade.

— Oui, mais en revanche, vous n'êtes jamais bien portant, dit le rentier avec un gros rire. Une belle vie, en effet ; j'aimerais autant être couché au cimetière.

— Pauvre ami Bats ! répliqua le docteur, puissiez-vous ne jamais regretter d'avoir si imprudemment repoussé mes conseils ! Mes joues ne sont certainement pas fleuries ; vous, au contraire, vous avez l'aspect rubicond d'un chou rouge. Les vieilles gens comme nous meurent plutôt d'une surabondance que d'un manque de sang. Moquez-vous de moi tout à votre aise, et riez tant qu'il vous plaira. Rira bien qui rira le dernier.

En effet, la figure du rentier Bats était aussi rouge et aussi enflammée que s'il s'était tenu pendant de longues heures devant le four incandescent d'un souffleur de verre ; et de plus son nez était marbré de taches cramoisies et violettes qui faisaient songer à la palette d'un peintre.

Assurément les autres convives étaient à ce moment-là tout autre chose que pâles; mais pour l'éclatante coloration du front et des joues, le rentier avait incontestablement la palme. Il était en même temps le plus jovial, le plus plaisant et le plus animé de tous ; il avait constamment le verre à la main, et de temps en temps il chantait quelques vers d'une chanson à boire.

> Laissons les buveurs d'eau trembler
> Et tristement suivre leur route ;
> Au diable soucis et chagrin !
> Mon bonheur est dans le vin,
> Dans le vin,
> Dans le vin.

Le docteur fredonna à demi-voix sur le même air :

> Et puis arrive la goutte,
> La goutte, la goutte,
> Quelle en sera la fin ?

— Taisez-vous, docteur l'eau claire, taisez-vous ! s'écria le rentier. Vous chantez toujours faux. On ne devrait jamais vous appeler que quand on est à l'agonie. Que me parlez-vous de goutte, et que m'importe ? Une kermesse vaut bien une mortification ; plutôt une joie courte qu'un long chagrin... Haut les verres ! Ce vieux Bourgogne est un vrai nectar.

La conversation roula encore quelques instants sur le même sujet.

Puis le brasseur se mit à parler d'un des récits villageois de l'écrivain, qui avait paru depuis peu, et qui, à ce qu'il disait, l'avait profondément impressionné. Il passa en revue différents autres de ses livres et les apprécia, sinon avec un sentiment artistique très juste, du moins avec intelligence, et surtout avec beaucoup d'indulgence.

De cette conversation résulta la preuve que des six personnes présentes, il n'y en avait que deux qui eussent lu quelque chose des œuvres de l'écrivain. Le docteur exprima l'avis que de pareils ouvrages peuvent être bons pour des enfants et de jeunes demoiselles, qui ne savent à quoi occuper leurs cerveaux lymphatiques, pour détourner leurs pensées d'objets plus dangereux ; mais qu'ils ne sont pas dignes d'attirer l'attention de gens sérieux.

Ce jugement défavorable blessa sans doute très profondément l'écrivain ; mais par politesse il cacha son dépit sous un dédaigneux sourire.

Quant au rentier, il prit contre son insensible ami la défense de l'art et des écrivains en général. Il loua plusieurs des ouvrages du dernier venu, et parla, en homme qui a l'air de s'y connaître, des événements qui s'y passent et des personnages qu'on y rencontre. Il vanta tellement le mérite de ses descriptions de la Campine et des mœurs de ses habitants, qu'il le fit rougir de joie et d'orgueil. Mais combien la satisfaction du romancier fut de courte durée, et comme il fut blessé dans son amour-propre, lorsque le rentier répondit à une question du brasseur :

— Non, je n'ai pas lu moi-même ces livres. Mais ma servante Catherine les lit, et elle s'y intéresse tellement, que souvent je suis obligé d'aller lui arracher des mains, dans sa cuisine, les livres de notre ami, si je ne veux pas voir brûler mon rôti. Elle est là à pleurer près de son ouvrage. Si je la gronde, elle m'explique, pour se justifier, ce qui la fait larmoyer ainsi. Voilà comment il se fait que j'ai aussi retenu quelque chose de ces curieuses histoires... Mais lire des livres, moi ? jamais. Ma bibliothèque, c'est ma cave. Il y a des livres de tous les formats et de tous les genres, même de dorés sur tranche, et j'en lis journellement deux ou trois jusqu'au bout. Cela fait du sang et rend le cœur sain.

Bientôt l'écrivain ne se sentit plus à son aise au milieu de ces gens qui, dans leurs aspirations positives et matérielles, faisaient si peu de cas de ses livres et des œuvres d'art. D'ailleurs, il était dans des dispositions d'esprit toutes différentes, et il voyait bien que sa présence finirait par leur être désagréable.

Comme l'heure approchait où la malle-poste d'Anvers allait passer sur la chaussée, il saisit ce prétexte pour prendre congé, et après avoir échangé une cordiale poignée de main avec tous les convives, même avec le docteur maigre, il leur dit adieu, et quitta la maison du notaire.

II

Près de l'entrée d'un village de la Campine anversoise, au milieu d'un vaste jardin, s'élevait une grande maison entourée d'une haie de branches de hêtre entrecroisées qui formaient un treillis impénétrable. Une grille en fer à piques dorées donnait accès à l'avant-cour, précédée elle-même d'un jardin dont les chemins à angles droits étaient bordés d'un ourlet de buis. Des ifs taillés en forme de quilles étaient plantés çà et là dans le jardin, et leur feuillage sombre donnait à cette demeure isolée un aspect peu souriant. On se serait facilement cru dans le presbytère du village, si une écurie nouvellement construite et une remise abritant un tilbury n'avaient écarté cette supposition.

Il y régnait un silence si saisissant que l'on eût dit que la maison était inhabitée. Il n'en était pas ainsi pourtant.

Dans une chambre du premier étage, il y avait un lit dont les rideaux étaient ouverts : sur ce lit un homme était couché sur le côté gauche, dont le regard fixe était dirigé sur une table où l'on voyait une grande carafe d'eau et une fiole contenant un médicament. De temps en temps la douleur lui faisait faire une grimace, et il grinçait des dents en grommelant une plainte, mais sans détourner les yeux et sans remuer les membres.

Cet homme devait être gravement malade, et souffrir depuis longtemps, car ses yeux étaient profondément enfoncés dans leurs orbites, et la peau de ses joues semblait soulevée par les os du *facies*. Comme dernières traces de la santé dont avait joui précédemment, on voyait sur chaque côté de son nez de petites veines bleuâtres dont la fièvre n'avait pas encore épuisé le sang.

Si affaibli que parût le malade, les éclairs fugitifs de ses yeux et les contractions rapides de ses lèvres attestaient que son esprit n'avait point perdu de son activité.

Après un nouvel accès de souffrances, il était resté longtemps tranquille, et un sourire de contentement illuminait son visage, comme si ses pensées l'avaient conduit à quelque consolante découverte. Par un effort pénible, il éleva la main droite au-dessus de la couverture et saisit en tremblant un cordon de sonnette qui pendait à côté de lui. Un tintement se fit entendre au rez-de-chaussée de la maison.

Une vieille femme — la servante probablement — ouvrit la porte.

— Ah! ma chère Catherine, donnez-moi donc à boire, soupira le malade. Je meurs de soif... Fi ! fi ! encore cet infernal poison ! grommela-t-il en repoussant la cuiller que la servante approchait de ses lèvres.

— Mais, monsieur, répondit-elle avec un accent de reproche, comme cela, vous ne guérirez jamais. Le docteur espère beaucoup de ce médicament.

— Le docteur ? dites plutôt le bourreau, l'assassin. Ce qu'il veut me faire boire est amer comme du fiel, et au lieu d'étancher ma soif ardente, m'enflamme le gosier comme un feu dévorant.

— M. Gabels dit pourtant que cela n'est pas désagréable à prendre.

— Il vous trompe, le menteur !

— Alors, monsieur, buvez une gorgée de ce verre, c'est de l'eau fraîche.

— De l'eau ?... Aïe ! aïe ! mon genou ! s'écria le malade avec un mouvement d'horreur qui lui arracha des cris de douleur. De l'eau ? Éloignez-vous avec cela ! Plutôt mourir de soif.

— Je ne puis rien y faire : les instructions du docteur sont formelles, et je veux lui obéir : votre précieuse vie en dépend.

— Ciel ! mon genou, ma hanche ! je mourrai de douleur. Catherine, la goutte remonte de plus en plus haut. Je crois que je ne durerai plus longtemps.

— Allons, monsieur, restez calme et ne vous remuez pas, c'est encore ce qu'il y a de mieux pour vous. Prenez patience, M. Gabels viendra avant midi.

— Le docteur, grommela le patient entre ses dents. Ah ! puisse l'impitoyable bourreau se noyer dans son eau claire !

Et déçu dans l'espérance dont il s'était bercé un moment, il rentra la main droite sous la couverture et se tint tranquille, ne donnant plus d'autres signes de souffrance que quelques grimaces et quelques grincements de dents.

La servante, sans ajouter un seul mot, prit place sur une chaise à côté de la table, tira un livre de la poche de son tablier, et se mit à lire avec une profonde attention.

Pendant ce temps, le malade tenait les yeux fixés sur elle et paraissait absorbé par de profondes réflexions.

— Catherine, dit-il enfin, mettez donc ce livre de côté.

— Ah ! monsieur, il est si beau ! répondit la vieille servante. Je ne comprends pas bien tout ce qu'il dit, mais c'est si beau pourtant !

— Oui, c'est bon, je vous crois, mais je dois...

— Ah ! monsieur, l'homme qui a écrit ce livre-là paraît tout connaître. Il n'y a pas beaucoup de si grands esprits.

— Bah ! encore une histoire à faire pleurer les âmes sensibles ?

— Non, c'est sur la nature, sur les plantes et sur les animaux.

— Allons, Catherine, oubliez pour un instant ce que vous venez de lire, et écoutez attentivement ce que j'ai à vous dire : J'ai à vous parler de choses de la plus haute importance... Aïe ! aïe !!! c'est comme si on me fouillait les membres avec un fer rouge !

— Tenez-vous tranquille, monsieur.

— Non ! je dompterai ma souffrance. Approchez-vous de moi.

La servante porta sa chaise près du lit.

— J'écoute, monsieur, dit-elle.

— Catherine, ma bonne Catherine, dit le patient d'un ton dolent, je sens bien que ma fin approche. Je vous ai caché jusqu'à présent cette désolante conviction ; mais à quoi bon nous dissimuler la triste vérité ?

— Le docteur affirme pourtant que vous allez beaucoup mieux, interrompit la servante.

— Il ne veut pas nous effrayer.

— Ah ! monsieur, chassez ces vilaines idées. Depuis plus de quinze ans, vous avez bien souvent passé des semaines et même des mois entiers sur votre lit avec la goutte, et chaque fois vous vous en êtes parfaitement guéri. Pourquoi n'en serait-il pas de même cette fois-ci ?

— Il faut bien qu'une fois soit la dernière, Catherine. Soyez-en sûre, quoi que puisse dire le médecin pour nous abuser et nous consoler, c'est cette fois-ci qui est la dernière. Déjà le mal est monté jusqu'à mes entrailles et à mon estomac. S'il atteint le cœur — et il n'en est plus loin, — on me trouvera mort subitement dans mon lit... Ne pleurez pas pour cela, Catherine ; nous devons tous sauter le pas à notre tour ; les uns un peu plus tôt, les autres un peu plus tard.

— Monsieur, monsieur, vous êtes sans pitié, dit la servante d'un ton plaintif. Vous ne dites cela que pour me faire de la peine.

— Vous vous trompez absolument, Catherine. J'aurais beaucoup mieux aimé me taire encore sur le danger qui menace ma vie ; mais je veux vous faire comprendre les raisons pour lesquelles je suis décidé à faire mon testament, et vous consulter sur cette importante affaire.

— Oh! non, monsieur, non, ne parlez pas de votre testament; vous me faites trembler d'inquiétude.

— Mais, innocente que vous êtes, c'est surtout par intérêt pour vous que je dois y penser. Ne vous ai-je pas dit précédemment que je vous laisserai un legs de quatre mille francs?

— Oui, monsieur, et je vous suis profondément reconnaissante de votre générosité.

— Eh bien, si je mourais à l'improviste, sans avoir fait mon testament, vous n'auriez rien du tout, Catherine.

La vieille servante le regarda avec effroi.

— Ne craignez rien, Catherine, j'ai réfléchi toute la nuit à la chose et je me suis convaincu plus intimement encore que je ne puis pas descendre au tombeau sans avoir rempli mon devoir de gratitude envers vous. Ne m'avez-vous pas servi depuis la mort de feu ma femme, avec une fidélité qui ne s'est jamais démentie ? N'avez-vous pas élevé mes enfants comme une véritable mère ? Ne m'avez-vous pas, dans toutes mes attaques de goutte, soigné et veillé avec une sollicitude rare ? Toute votre vie, pour ainsi dire, ne s'est-elle point passée à mon service ?... Et vous croyez que quatre mille francs suffisent pour vous récompenser d'un si long dévouement ? Non, non, je voudrais vous donner beaucoup plus.

— Ah ! monsieur, tant de bonté, tant de sympathie pour votre vieille servante Catherine, s'écria-t-elle en levant les mains. Que Dieu vous bénisse pour votre généreuse intention.

— Je regretterais, Catherine, d'avoir à craindre que vous soyez obligée de servir encore d'autres personnes après ma mort. Si je vous donnais par mon testament, non pas quatre mille, mais huit mille francs, vous pourriez en retirer un intérêt annuel de quatre cents francs, et, dans notre village, quatre cents francs par an suffisent à une femme seule pour vivre à son aise, sans aller travailler. Donc, par cette libéralité, je remplirais ce que je considère comme mon devoir envers vous.

La vieille femme versait des larmes d'attendrissement et de joie, et exprima sa reconnaissance par des paroles profondément senties, tout en soutenant qu'elle était convaincue que son maître guérirait cette fois-ci comme les autres, et elle ajouta que son plus cher désir, à elle, était de mourir au service de son bon M. Bats.

Un sourire entrouvrit les lèvres du malade; il réprima un nouvel assaut de la douleur, et dit à Catherine :

— Ah! Catherine, vous dites que vous me souhaitez une longue vie. Pourquoi aidez-vous donc aussi à me faire mourir promptement?

— Moi, ô ciel! exclama la vieille servante avec un geste d'horreur.

— Oui, vous, Catherine. Probablement sans le vouloir, sans le savoir même, vous avancez l'heure de ma mort.

— Mais, monsieur, où avez-vous donc l'esprit? Moi qui donnerais volontiers mon sang pour...

— Je n'ai que faire de votre sang, et je ne vous le demande pas. La seule chose que je vous demande, c'est de comprendre clairement la gravité de mon état et de montrer un peu de complaisance et de bonne volonté pour votre malheureux maître. Vous me regardez avec inquiétude, et vous pensez que je deviens fou? Non, non; écoutez sans prévention. L'estomac et les nerfs de l'homme, une fois qu'ils ont l'habitude d'être excités par une nourriture forte, se paralysent et s'atrophient, dès qu'ils sont privés pendant trop longtemps de cette excitation. Mes entrailles, mon estomac, mon cœur sont déjà à moitié morts... Il faut cependant si peu de chose pour leur rendre une vie nouvelle et une vitalité plus puissante. O Catherine, donnez-moi une autre preuve de dévouement que de vaines paroles ! Tous mes membres se contractent, il fait nuit dans mon esprit ; je hais le peu de vie qui me reste ; je souffre comme un damné. Vous, Catherine, vous pouvez me tirer du désespoir, de la rage, du tombeau, où j'ai déjà un pied. Sauvez-moi, je vous en supplie.

La vieille servante le regardait en tremblant et d'un air de doute.

— Je puis vous sauver, moi? murmura-t-elle. Et que devrais-je faire ?

— Du vin, donnez-moi un verre de vin ! s'écria-t-il. C'est pour moi l'intelligence, l'espoir, le courage, la santé, la vie.

Catherine secoua tristement la tête.

— Non pas cela, monsieur. Le docteur l'a strictement défendu, répondit-elle.

— Par pitié, ma bonne Catherine; il n'en saura rien.

— Impossible. M. Gabels dit que ce serait vous tuer.

— Rien qu'un petit verre, Catherine ; pas de bourgogne ; du bordeaux, de l'inoffensif bordeaux.

— Mais vous savez bien, monsieur, que je ne puis y consentir et que je n'y consentirai pas. Voilà au moins la dixième fois que vous essayez de m'entraîner par toutes sortes de détours ou d'artifices à commettre cette fatale imprudence. Mais c'est bien inutile, je vous en avertis. Je ne veux pas me rendre coupable de contribuer à amener prématurément votre mort.

— Mais, imbécile que vous êtes, si le vin pouvait réellement me faire du mal, vous n'en hériteriez que plus tôt.

— Fi ! monsieur, quelles paroles ! Prêter à la vieille Catherine des sentiments si bas, d'aussi vilaines idées ! Mais vous ne le croyez pas ; vous voulez me faire peur pour vaincre ma résistance ; mais vous n'y parviendrez pas ; si vous voulez du vin, demandez l'autorisation du docteur.

— Quoi ! vous osez vous moquer de mon malheur ! Le docteur se laisserait arracher l'âme plutôt que de m'accorder une goutte de vin, vous le savez bien... O Catherine, Catherine, je vous en conjure, vite, donnez-moi un seul verre de vin... Vous êtes sans pitié ! Vous avez le cœur de me laisser crever comme un chien, sans espérance, sans consolation ? Allons, ma chère Catherine, soyez mieux inspirée. Voyez, je vous en supplie les larmes aux yeux. Ah ! femme sans entrailles, vous feignez d'avoir de la sympathie et du dévouement pour moi ? Tout cela n'est que fausseté ; votre cœur est dur comme une pierre. Et je vous coucherais sur mon testament, je vous recompenserais pour une pareille cruauté ?

Non, je vous déshérite : vous n'aurez rien, rien !

La servante avait les yeux pleins de larmes et paraissait fort effrayée, mais elle demeura muette.

— Entêtée que vous êtes, vous aimeriez encore mieux me laisser mourir que de plier, grommela le malade dont les yeux lançaient des éclairs. Je suis votre maître, c'est à moi seul que vous devez obéissance... Allons, voyons, Catherine, ma bonne Catherine, allez me chercher un verre de vin : j'oublie tout, et nous redevenons bons amis... Vous vous taisez ? vous vous obstinez dans votre refus ? Eh bien, je ne veux plus vous voir. Sortez de ma chambre. Éloignez-vous de mes yeux, vous dis-je. M'avez-vous compris ?... ou avez-vous l'intention de me mettre en colère au point de me donner une attaque d'apoplexie ?

Catherine se dirigea lentement vers la porte.

— Si vous osez reparaître ici sans m'apporter du vin, je vous ferai déménager aujourd'hui même ! s'écria son maître.

Elle ne répondit pas.

— Mais n'avez-vous donc pas compassion de mes souffrances ? ajouta-t-il d'un ton plus amical. Tenez, si vous revenez avec un verre de bordeaux, je vous rends mon affection et votre legs.

— Vous m'offririez tout ce que vous possédez, que je ne vous donnerais pas encore de vin, vous le savez bien, monsieur.

Et secouant tristement la tête, elle sortit de la chambre de M. Bats.

III

Dans une chambre du second étage d'une petite maison située dans un des faubourgs de la ville d'Anvers, était assis un homme entre les deux âges devant une tabe couverte pêle-mêle de livres et de papiers.

La plume était tombée de ses doigts. Son regard fixe se perdait dans le vide, comme celui d'une personne dont l'esprit est entièrement absorbé par une pensée unique. De temps en temps une étincelle s'allumait dans ses yeux, et une expression de colère pinçait ses lèvres.

Tout à coup il se leva et se mit à se promener de long en large avec agitation. Au bout d'un instant, il s'arrêta au milieu de la chambre et, étendant le poing par un geste violent, il dit avec l'accent exalté et théâtral d'un comédien qui récite son rôle :

— L'indépendance ? Dépouiller de sa langue, de ses lois, de ses usages, de ses mœurs, parce qu'elle est petite et impuissante, une nation qui depuis des siècles était libre et indépendante ; lui voler ses trésors, la persécuter et l'opprimer ; lui marcher sur la tête et la réduire en servitude comme un vil troupeau d'esclaves...; voilà la liberté que vous nous apportez !.. Fraternité ? Ce sentiment a-t-il...

Il se tut et tourna ses regards irrités vers la porte qui venait de s'ouvrir.

— Pourquoi venez-vous me déranger? grommela-t-il. Ne vous avais-je pas dit que je voulais travailler et qu'on ne pouvait même pas m'appeler pour le dîner?

— Oui, monsieur, répondit la servante, mais

voici une lettre qui paraît très pressée; du moins c'est écrit sur l'enveloppe.

— Bien, donnez, et laissez-moi seul.

La servante sortit en haussant les épaules.

Il jeta la lettre sur la table et se remit dans la même posture qu'avant l'entrée de la bonne, comme s'il allait continuer son discours interrompu. Mais il n'y réussit pas; le fil de son inspiration était coupé.

— C'est à vous donner la fièvre, murmura-t-il. J'étais plein de mon sujet; cela allait tout seul, cela coulait de source. Dieu sait si toute ma matinée ne sera pas encore une fois perdue.

Il reprit la lettre avec un mouvement d'impatience, regarda un instant le mot *urgente* écrit en grandes lettres sur l'enveloppe, l'ouvrit et lut lentement, avec une surprise croissante, les lignes suivantes tracées d'une écriture tremblée :

« Mon estimable ami,

» Depuis qu'il me fut donné de passer quelques moments agréables en votre aimable compagnie, une longue maladie a épuisé mes dernières forces ; la mort peut me surprendre à l'improviste. Je sens qu'il est de mon devoir de ne pas tarder à faire mon testament ; mais l'ignorance où je suis de la façon dont je dois le faire pour paraître devant Dieu sans que mon âme soit chargée d'une coupable injustice, cette ignorance et ce doute me tourmentent plus que je ne puis le dire. Je me méfie des conseils de parents et d'amis qui peuvent avoir intérêt à m'induire en erreur. Vos ouvrages, mon unique consolation durant ma pénible maladie, — m'ont donné la conviction que votre jugement est plus sain, et qu'il y a au fond de votre cœur un profond sentiment de justice. Ma confiance en vous est sans bornes. Exaucez la prière que vous adresse un

ami sur le bord de la tombe. Venez à W...,
favorisez-moi un moment de votre précieuse
présence ; permettez-moi de vous exposer la
situation de mes affaires, et conseillez-moi. Je
suivrai votre conseil, et j'attendrai alors avec
une conscience tranquille que Dieu me rappelle à lui. Vous viendrez, n'est-ce pas, car
vous êtes bon et généreux. Je vous en supplie,
accordez-moi cette dernière consolation ! »

Un peu plus bas il était écrit :

« Dicté par moi à ma servante, mais signé
de ma main tremblante :

» K. Bats,
» Rentier à W... »

L'écrivain stupéfait tenait les yeux fixés sur
cette étrange lettre. Il la relut une seconde
fois tout entière, haussa les épaules et finit par
se dire à lui-même :

— Qu'est-ce que cela signifie ? Bats ? Bats ?
Ce nom m'est tout à fait inconnu... Il a passé

des moments agréables en ma compagnie? Il veut dire qu'il a lu mes récits villageois et que par cette lecture il est devenu mon ami. C'est de cette façon sans doute qu'il faut l'entendre, car je ne connais pas le pauvre malade... Il est probablement entouré et obsédé par des gens qui tâchent d'avoir une partie de son héritage. Lui donner des conseils, lui dire comment il doit faire son testament? Je ne suis pas un jurisconsulte. Quelle connaissance ai-je de cela? Il est cependant difficile de repousser l'instante prière d'un moribond.

Il regarda de nouveau l'écriture de la lettre en répétant :

— Bats? Bats? Il me semble, en effet, que j'ai déjà entendu ce nom-là quelque part. Mais où? Voilà le *hic*.

Il posa son index sur son front et se mit à réfléchir ; puis, au bout d'un instant, il s'écria tout à coup :

— Oui, oui, c'est cela, je me souviens :

c'était à Schilde, chez le notaire; le vieux bourgeois au nez rouge ! J'y suis : M. Bats, le rentier, qui chantait une chanson en l'honneur du vin, et qui buvait sec en dépit des avis de son médecin !... Et ce joyeux compagnon, ce bon vivant qui rayonnait de santé, serait mourant à l'heure qu'il est ? Serait-il possible ? Ce que c'est que de nous, cependant, et comme la vie de l'homme tient à peu de chose !... Allons, il n'y a pas à hésiter, il faut que j'aille à W... La malle-poste de Turnhout n'a pas encore passé ; hâtons-nous ; avant ce soir je suis de retour, et peut-être pourrai-je encore travailler pendant quelques heures à la lumière...

En achevant ces mots, il ouvrit la porte et descendit l'escalier en courant.

IV

Il pouvait être onze heures du matin lorsque le romancier descendit de la malle-poste à W... et prit, à côté du village, un sentier qui conduisait à l'habitation de M. Bats, qu'un villageois lui avait indiquée à sa première demande.

Ce n'était pas sans une certaine inquiétude qu'il s'approchait de cette grande maison isolée où l'attendait un moribond pour le consulter sur la rédaction de son testament. Ce rôle de juge entre les intérêts opposés de personnes qu'il ne connaissait pas allait infailliblement lui faire d'irréconciliables ennemis d'une partie de ces personnes. Quelle singulière idée avait eue le malade de vouloir endosser une semblable responsabilité à un homme qu'il n'avait vu que pendant quelques instants !... Mais il n'y avait rien à y faire, et si désagréable, si dangereuse même que fût cette misison, il ne pouvait faire autre chose que de l'accepter avec résignation. Il ferait tous ses efforts pour discerner ce qu'exigerait la plus rigoureuse justice, et pour baser là-dessus son jugement. Cela le mettrait du moins en paix avec sa conscience.

Ses réflexions et son monologue venaient précisément d'aboutir à cette encourageante résolution au moment où il se disposait à tirer la sonnette de la grille aux piques dorées ; mais il vit une vieille femme accourir précipitamment à travers le jardin, le visage ouvert et souriant comme si elle venait à la rencontre d'un vieil ami.

On avait donc épié son arrivée ? probablement pour l'empêcher de troubler le malade ou de lui causer quelque saisissement en agitant la sonnette.

La servante, — car c'était Catherine, — ouvrit la grille et demanda, non sans quelque hésitation, tout en regardant avec beaucoup d'attention le visiteur :

— C'est bien monsieur qui a reçu une lettre de M. Bats, mon maître ?

— Oui, ce matin même.

— Votre humble servante, monsieur, entrez, s'il vous plaît. Que je suis contente de vous voir au moins une fois dans ma vie !

— Moi, ma bonne femme ? répondit-il avec étonnement. Et pourquoi ?

— J'ai lu et relu vos beaux livres, vos récits émouvants, dit-elle joyeusement en traversant à côté de lui l'avant-cour de la maison. Vous étiez toujours devant mes yeux... mais ne vous formalisez pas de ma franchise et de ma hardiesse : je m'étais fait de votre personne une tout autre idée.

— Vraiment ? Et laquelle ?

— Eh bien, je me figurais que vous étiez encore un jeune homme, avec de grands yeux bleus, des joues pâles, des lèvres roses et des cheveux blonds. Vous êtes un homme d'environ quarante ans, votre chevelure est noire, et vos yeux...

— Dites-le, femme ; mes yeux sont gris, n'est-ce pas, dit l'écrivain en plaisantant.

— Non, monsieur, ils sont d'un brun clair. Quelles drôles d'idées se forment dans notre cervelle ! Je me suis trompée, pardonnez-le moi ; cela ne diminue pas mon respect pour l'homme instruit qui...

— Bonne femme, votre simplicité me ferait rire, interrompit l'écrivain. J'ai été jeune, mais je n'ai pu le rester toujours ; ce n'est pas ma faute, car je n'aurais pas demandé mieux. Mais croyez-vous que l'on ne peut pas être sensible aux beautés de la nature ni aux souffrances du cœur humain, à moins que l'on n'ait des cheveux blonds et des yeux bleus ?

Ils étaient entrés dans la maison et avaient pénétré dans une sorte de vestibule.

La servante se disposait à le conduire en haut, mais il l'arrêta par le bras au bas de l'escalier pour lui demander :

— Est-ce que réellement ce pauvre M. Bats serait en danger de mort ?

Catherine leva les épaules.

— Il le prétend, répondit-elle. Le docteur prétend au contraire qu'il y a une grande amélioration dans son état et que sa guérison n'est pas douteuse. Mais quand il s'agit d'une maladie de ce genre, on ne peut pas avoir une confiance absolue. La goutte peut remonter subitement au cœur, et alors, hélas ! tout est fini.

— Ah ! c'est de la goutte qu'il souffre ?... Est-ce vous qui avez écrit la lettre qui m'a été adressée par votre maître ?

— Oui, monsieur, c'est moi. Mais mon maître me l'a dictée.

— Vous savez donc naturellement sur quels points il veut me consulter et demander mon avis. M. Bats a-t-il des enfants?

La servante fit un signe affirmatif.

— Sa femme vit-elle encore ?

Elle répondit par un geste de dénégation.

— Il est donc veuf?

— Oui, monsieur

— Et existe-t-il encore d'autres personnes qui attendent quelque chose de sa succession, ou qui prétendent y avoir droit?

— Mon maître m'a expressément défendu de parler de ces choses-là avec vous, monsieur, et je ne voudrais pas lui désobéir.

Étonné de ces allures mystérieuses, l'écrivain regarda la vieille servante dans le blanc des yeux d'un œil scrutateur. Comme elle rougissait et qu'elle paraissait embarrassée, il se dit en lui-même que probablement la cause des doutes et des incertitudes de M. Bats était devant ses yeux. Cela lui inspira un sentiment de méfiance contre cette femme. Sans doute elle ne lui avait parlé de ses ouvrages avec tant d'enthousiasme que pour le séduire par cette flatterie et pour le rendre favorable à ses intérêts.

— Montrez-moi la chambre de votre maître, dit-il d'un ton très froid. Je n'ai pas beaucoup de temps à lui donner.

— Veuillez me suivre, monsieur.

Elle le précéda dans l'escalier, ouvrit une porte et l'annonça.

— Oh! mon généreux ami, que je suis heureux de vous voir. Que vous êtes bon d'avoir bien voulu venir de si loin pour me rendre visite! Mille fois merci! balbutia le malade en levant sur le visiteur des yeux à demi-éteints, comme quelqu'un qui est près de rendre l'âme.

— Pauvre monsieur Bats! dit le romancier avec l'accent d'une profonde commisération. Qui aurait pu penser que moi qui vous ai trouvé si bien portant lorsque j'ai eu, tout récemment, le plaisir de faire votre connaissance, je vous reverrais dans un pareil état! Ne désespérez pas, cependant ; une longue et violente attaque de goutte conduit parfois, en apparence, le malade aux portes du tombeau, et cependant ordinairement on en guérit fort bien.

— Ah! cette fois-ci, je n'en reviendrai pas. Je voudrais vous serrer la main ; mais il m'est absolument impossible de remuer le bras ou la main. Catherine, offrez un siège à monsieur, et allez chercher une bouteille de mon meilleur vin : du vin de l'Ermitage, vous savez bien, dans le dernier caveau à côté du soupirail de la cave. M'avez-vous compris ?

La servante ne bougea pas plus que si elle ne l'avait pas entendu.

— Non, non, épargnez-vous cette peine, dit l'écrivain, je n'ai pas soif.

— Soif ? Faut-il avoir soif pour boire un

verre de vin de l'Ermitage? Vous venez de loin, et vous avez voyagé rapidement ; cela vous remettra. Catherine, obéissez-moi, ou je vais me mettre dans une colère terrible !

Catherine ne bougea pas encore.

— Allons, mon cher ami, insista M. Bats, faites-moi le plaisir de boire un verre de mon excellent Ermitage. Moi, je ne peux plus en jouir ; mais donnez-moi du moins la satisfaction d'apprécier vous-même ses mérites. Voyons, consentez, ne me refusez pas cette grâce.

— Si cela peut vous être agréable, je le veux bien, répondit l'écrivain.

— Vous entendez, Catherine? Seriez-vous assez impertinente pour refuser de verser un verre de vin à monsieur? Quoi, vous restez récalcitrante? Ah! mon ami, vous êtes témoin du mauvais vouloir de cette femme sans cœur. Elle me tourmente et me fait souffrir comme une véritable despote. Je serais heureux de vous entendre apprécier le mérite de mon vieux vin de l'Ermitage, et cette petite consolation m'est refusée!

Le romancier jeta à la servante un regard de reproche.

— Qu'est-ce qui vous empêche de satisfaire la demande de votre maître? demanda-t-il. Ce n'est pas bien d'avoir si peu de complaisance pour un pauvre malade, femme, et vous devez savoir que dans l'état où il est, rien n'est plus funeste que de se mettre en colère.

— Le médecin l'a rigoureusement défendu, monsieur.

— Quoi! le médecin vous aurait défendu d'offrir un verre de vin de l'Ermitage à ce bon monsieur qui vient me rendre visite? ricana le malade. Mais vous avez donc perdu votre pauvre cervelle, Catherine? Comprenez-vous cette stupide servante, mon ami? Elle s'imagine que vous me verserez le vin dans la bouche.

— Moi! s'écria le romancier avec indignation. Me prenez-vous donc pour un fou, femme ?

— Je connais les instructions de M. Gabels, murmura la servante.

— Mais vous savez bien vous-même, répliqua M. Bats, que depuis deux jours je n'ai pu tirer la main de dessous mes couvertures, et à moins que monsieur ne me verse le vin dans la bouche, comme je le disais...

— Si c'est réellement cela que vous craignez, vous pouvez être parfaitement tranquille, femme, ajouta l'écrivain.

Catherine sortit lentement de la chambre, évidemment à regret et non sans inquiétude.

M. Bats, en la voyant sortir, eut un sourire singulier. Le visiteur, qui surprit ce sourire, lui demanda avec hésitation :

— Mais, monsieur Bats, pardonnez-moi cette question, ne vous trompez-vous point sur votre situation ? Vous ne me paraissez pas aussi malade que vous croyez l'être. Un homme bien portant ne pourrait pas s'exprimer d'une façon plus claire et plus énergique que vous. Votre poitrine est encore d'une solidité remarquable.

— Oui, pour la poitrine, cela va encore assez bien, répondit M. Bats en respirant profondément ; mais le cœur, le cœur ! si vous saviez quelle affreuse douleur j'y ressens... par accès... Tenez, j'en sens venir un... Ah ! Dieu, je pense chaque fois que ma dernière heure a sonné. Aïe ! aïe ! Un feu dévorant me brûle les entrailles !

Son visage se contracta et il grinça des dents pendant que, sous la couverture, ses membres étaient secoués et tordus par d'affreuses convulsions.

Le romancier frémit et épancha sa compassion en paroles consolantes.

Au bout d'un instant, le malade resta de nouveau en repos. Sa figure se détendit, et il soupira d'une voix affaiblie :

— Ah! quel martyre!... Grâce au ciel, l'accès est de nouveau passé; ce n'était pas encore la dernière attaque...

La servante rentra dans la chambre avec un plateau supportant une bouteille débouchée et un seul verre. Elle remplit le verre un peu plus qu'à moitié, et tout en tenant les yeux fixés sur son maître d'un air très méfiant, elle présenta le verre à l'écrivain.

Celui-ci en but une gorgée et replaça le verre sur le plateau.

— Excellent vin, n'est-ce pas? murmura le malade dont les yeux étincelèrent. Un véritable nectar?

— Très bon, exquis, pour autant que je m'y connaisse, répondit-il.

La vieille Catherine alla jusqu'à l'extrémité la plus reculée de la chambre, y déposa le plateau sur une petite table, le plus loin possible de M. Bats, remplit de nouveau le verre, et se disposa à quitter la chambre.

— Eh! eh! que tenez-vous donc là caché sous votre tablier? s'écria le vieux rentier. La bouteille? vous voulez l'emporter avec vous? Et si monsieur avait envie d'en boire encore un verre? Vous êtes une malhonnête et une impertinente. Vite, replacez cette bouteille sur la table, et ne faites pas à monsieur l'injure de vouloir le mettre à la ration, comme s'il était un domestique.

Catherine remit la bouteille sur le plateau en murmurant, mais elle resta debout à côté de la table, comme si elle avait l'intention de monter la garde auprès.

—Laissez-nous seuls maintenant et retournez à votre cuisine, lui dit son maître. Ce que j'ai à débrouiller avec lui est d'une nature telle que personne ne doit assister en tiers à notre entretien, vous le savez bien. Allons, soyez raisonnable; mes dispositions à votre égard dépendent de votre bonne volonté.

Elle regarda le romancier en face, d'un air

interrogateur, pour lui demander ce qu'elle devait faire, et comme elle lut dans ses yeux qu'elle devait obéir à son maître, elle sortit de la chambre à pas lents, et non sans se retourner plus d'une fois.

— Pauvre monsieur Bats! dit l'écrivain en poussant un soupir. N'avez-vous personne d'autre que cette femme peu sensible pour vous soigner pendant votre cruelle maladie? Elle doit bien vous faire souffrir.

— Ne vous trompez pas sur son compte, répondit l'autre. Elle a un bon cœur, et elle m'est très dévouée.

— J'aurais cru tout à fait le contraire, car il n'y paraît pas.

— Bah! le docteur lui a fait craindre que je ne voulusse boire du vin si j'en trouvais le moyen; autrefois, il n'y a même pas longtemps, cette supposition pouvait être plus ou moins fondée, mais maintenant c'est une pure imagination, une pure folie. Pour tout l'or du monde, je ne ferais point passer une gorgée de vin par mes lèvres ; il me brûlerait tout à fait la gorge qui n'est déjà que trop enflammée.... et d'ailleurs, depuis bien des jours je suis étendu ici sans mouvement, comme un morceau de bois, et incapable de remuer la main ou le doigt.

L'écrivain prit une chaise, la rapprocha du lit, et dit à son hôte :

— Monsieur Bats, vous m'avez prié de venir ici pour me consulter sur la rédaction de l'acte qui contiendra vos dernières volontés. Je suis prêt à vous écouter.

— Buvez d'abord encore un verre, avant que nous commencions.

— Je n'en ai réellement pas envie.

— Pas envie, pour un pareil vin ? Comment cela est-il possible ? Allons, mon ami, ayez de la complaisance pour un pauvre malade ; cela me fera autant de plaisir que si je buvais moi-même.

Pour le satisfaire, le romancier alla jusqu'à la petite table et trempa ses lèvres dans le verre. Pendant ce temps, il se disait à part lui que c'était de bien singulières gens que les personnes avec lesquelles il avait affaire là, et surtout un bien étrange malade.

En effet, il avait l'aspect d'un moribond et ses membres étaient comme frappés d'une paralysie complète à cause des longues souffrances qu'il avait endurées. Mais ses yeux, bien que profondément enfoncés dans leurs orbites, brillaient d'intelligence et d'énergie ; sa voix était claire et sonore, et il paraissait n'éprouver aucune fatigue à parler longuement. Il était vrai néanmoins qu'une violente attaque de son mal pouvait le saisir au cœur et tarir les sources de la vie.

Cette dernière considération justifiait la hâte qu'il avait de rédiger son testament.

V

Lorsque l'écrivain revint auprès du lit de M. Bats, celui-ci lui dit :

— Veuillez vous asseoir, nous allons causer de la grande affaire.

— Je vous écoute, monsieur Bats.

— Il faut savoir, mon ami, que je possède environ cent cinquante mille francs en biens fonds et en fonds publics. C'est une fortune qui m'est en grande partie personnelle, car elle m'est échue par héritage depuis la mort de ma femme. J'ai un fils et deux filles, qui sont tous mariés, et qui ont même des enfants. Ma vieille servante Catherine, qui a consacré toute sa vie à mon service, ne peut pas être oubliée par moi. J'ai, touchant le partage de ma fortune, des idées dont j'ai peur et qui me font hésiter, car elles pourraient être injustes, et Dieu m'en demanderait compte.

— La chose me paraît pourtant extrêmement simple, fit observer le romancier ; si je ne m'abuse pas, le Code civil vous permet, étant donné que vous avez trois enfants, de disposer librement d'un quart de votre fortune.

— Oh! ce n'est pas si simple que vous le croyez, répliqua le malade. Si je lègue à ma vieille Catherine cinq ou six mille francs, il me restera encore plus de cent trente mille francs que je voudrais partager entre mon fils et mes filles, selon les besoins et les mérites de chacun d'eux. C'est là que gît le nœud de la difficulté, et c'est de là que vient mon embarras.

— Mais ils sont tous les trois vos enfants. Ne feriez-vous donc pas bien de leur donner à tous la même somme ?

— Impossible. Veuillez me prêter un moment d'attention. Mon fils, après une jeunesse assez orageuse, a eu la chance d'épouser une femme avec beaucoup d'argent. Il est aujourd'hui négociant à Anvers, et sa fortune est bien plus considérable que la mienne. Ah ! si vous saviez combien ce garçon m'a causé de chagrins et quels douloureux sacrifices il m'a arrachés ! C'est lui qui m'a contraint de faire une vente publique de tout ce que je possédais alors, afin de pouvoir donner à chacun de mes enfants sa part de l'héritage maternel. Depuis qu'il est en veine de prospérité, il paraît ne plus du tout se rappeler que j'existe, et vient à peine me faire visite une fois l'an. Une part plus ou moins grande de ma succession ne le rendrait pas plus riche ; et d'ailleurs il ne mérite pas qu'on soit bon pour lui... Si vous étiez à ma place, quelle décision prendriez-vous à son égard ?

— Je lui pardonnerais généreusement tous

ses torts, monsieur Bats. Peut-être même, aigri par ses erreurs de jeunesse, avez-vous été trop dur pour lui et l'avez-vous ainsi éloigné de vous.

— Je ne dis pas non, et vous pourriez bien avoir raison sur ce point, répondit le malade. Peut-être suivrai-je votre bon conseil en ce qui le concerne ; mais il y a des circonstances plus graves. L'aînée de mes filles s'est mariée contre mon gré ; elle a épousé un bellâtre dont la figure ressemble à celle de ces poupées de cire qu'on voit à l'étalage des coiffeurs, mais qui n'a ni cœur ni âme. Imaginez-vous, mon ami, qu'en peu de temps il avait dissipé en grossières orgies l'héritage maternel de ma fille, et qu'actuellement, sans s'être amendé, sans vouloir travailler, il la laisserait mourir sous ses yeux de misère et de besoin avec ses deux malheureux enfants, si je ne venais pas à leur aide. Ce lâche coquin dit à qui veut l'entendre qu'il n'attend que ma mort pour recommencer à faire le joli cœur, et pour faire passer ma succession par son gosier... Et dire que je ne peux pas l'en empêcher sans deshériter ma fille !... Car la loi rend le mari maître des biens mobiliers de la femme, n'est-il pas vrai ?

— C'est une triste circonstance, en effet, répondit l'écrivain en courbant la tête d'un air pensif.

— Et malheureusement ce n'est pas encore là le plus grave, reprit le malade en soupirant. Mais je me sens un peu fatigué de parler. Levez-vous, mon ami, et buvez encore une gorgée de vin. Je vois bien que vous m'avez trompé, car votre verre est encore plein, comme la servante vous l'a versé. Vous n'y avez pas touché. Le vin ne vous plairait-il pas, peut-être ?

— Au contraire, monsieur Bats, il est très fort, et d'un goût très fin.

— Alors, videz votre verre ; voyons, faites-le par complaisance pour moi. Que je puisse du moins voir un bon et sincère ami jouir d'un plaisir qui m'est, hélas ! défendu.

— Eh bien, soit, pour vous être agréable, dit le romancier en se levant.

Il se contenta, cette fois encore, de boire une petite gorgée. Mais monsieur Bats, qui l'observait, s'écria avec l'accent d'une profonde indignation :

— Ciel, serait-il possible ? Oui, oui, je comprends ce qui se passe. Ah ! monsieur, maintenant votre manque de soif ne m'étonne plus Catherine, cette créature vindicative, vous a donné de mon plus mauvais bourgogne. C'est du vin que nous versons à ceux que nous voulons tenir éloignés de la maison, les fâcheux et les pique-assiette. L'impertinente ! Je la chasserai ce soir même.

— Vous vous trompez sans doute, répondit le romancier, car ce vin me paraît fort bon. Cependant je dois reconnaître que je suis très inexpérimenté dans la dégustation des vins.

— Soyez convaincu, mon cher ami, que Catherine nous a joués tous les deux. Regardez bien le bouchon. Dans le liège, sous la cire, il devrait y avoir une marque : une H que j'y ai brûlée moi-même.

— Il n'y a pas de bouchon.

— Ah ! la fine mouche ! elle l'a escamoté. Mais cela ne fait rien. Quoique les bouteilles de mon vin de l'Ermitage ressemblent en apparence à toutes les autres bouteilles, je puis les distinguer à la vue comme si je les avais faites moi-même. Venez, montrez-moi la bouteille, ne fût-ce que de loin, je pourrai vous dire avec certitude si l'on s'est moqué de nous oui ou non. Un peu plus près, s'il vous plaît, je suis myope. Encore un peu... Bon ; maintenant je vois mieux.

Pendant que le malade parlait ainsi, son interlocuteur s'approchait du lit sans méfiance, afin de lui permettre de bien examiner la bouteille ; mais lorsque M. Bats crut que l'objet se trouvait bien à sa portée, il tira tout à coup les mains de dessous ses couvertures, les jeta comme deux griffes autour du col de la bouteille qu'il arracha au romancier stupéfait, l'approcha de sa bouche avec un cri de triomphe, et commença à se verser le vin dans le gosier.

L'écrivain poussa un cri d'épouvante ; il voulut arracher la bouteille des mains de M..Bats ; mais il fut encore plus effrayé de l'invincible résistance qu'il rencontra ; la bouteille semblait rivée aux lèvres du malade ; ses dents grinçaient sur le verre comme si elles allaient se briser. En même temps ses yeux lançaient des éclairs et son visage exprimait la rage d'un tigre qui dévore sa proie et la joie d'un bienheureux qui voit le ciel s'entr'ouvrir devant lui.

VI

Rendu muet par la crainte d'être la cause d'un malheur irréparable, le romancier frémissant regarda un moment le malade d'un air stupide et consterné. Puis il se précipita vers la porte qu'il ouvrit en criant de toutes ses forces :

— Catherine, Catherine, vite, du secours, du secours !

La vieille servante monta immédiatement à l'étage de toute la vitesse de ses jambes... Mais il était trop tard ; M. Bats avait vidé la bouteille jusqu'au fond, et l'avait laissée tomber de sa main sur le tapis étendu devant son lit ; elle roula jusque sous les pieds de la servante ébahie, qui regardait alternativement son maître et le romancier.

M. Bats était encore assis sur son séant, soulevé à demi sur son oreiller, et le visage éclairé par le même sourire de bien-être et de béatitude.

— Mon Dieu, monsieur, que s'est-il donc passé ici? demanda Catherine à l'ami de son maître.

— Hélas ! votre maître vient de boire du vin, répondit-il.

— A même la bouteille, ô ciel?

— Toute la bouteille.

La vieille bonne se laissa tomber sur une chaise et se mit à geindre avec un grand vacarme, essuyant du coin de son tablier ses yeux baignés de larmes, et marmottant de temps en temps un reproche acerbe contre celui qui serait probablement la cause de la mort de son maître.

Le romancier essaya de lui expliquer en peu

de mots comment la chose s'était passée et comment il s'était lui-même fort innocemment laissé duper par les ruses et les malices du malade, dont toute la diplomatie n'avait eu qu'un seul but : s'emparer d'une bouteille de vin.

La servante se leva.

— Il ne peut pourtant pas rester ainsi, dit-elle d'un ton piteux. Il en mourrait. Que faire maintenant?

— Il n'y a qu'un seul moyen : il faut envoyer chercher le médecin.

— Non, non, pas le médecin ! s'écria M. Bats en ricanant. Je ne sais que trop ce qu'il me prescrirait : un seau d'eau. Je n'en ai pas besoin. Tenez, je suis guéri, voyez !

Et tandis que les autres le regardaient avec inquiétude, il ajouta d'un ton de raillerie.

— Parlez-moi des vins du Rhône ; le vieux vin de l'Ermitage surtout est un remède divin. Il rendrait la vie à un mort et le ferait sortir de son tombeau. Ah ! tenez, j'ai envie de chanter.

Et il entonna d'une voix sonore sa chanson favorite :

> Laissons les buveurs d'eau trembler
> Et tristement suivre leur route.
> Au diable soucis et chagrin.
> Mon bonheur est dans le vin,
> > Dans le vin
> > Dans le vin....
> Et moquons-nous de la goutte.

De nouvelles larmes ruisselèrent des yeux de la vieille Catherine, et elle murmura à l'oreille de l'écrivain avec un accent d'épouvante qui n'avait rien de joué.

— C'est affreux, affreux ! mon pauvre maître est gris.

— Je le crois bien, ma bonne femme ; tout une bouteille d'un vin aussi capiteux...

— Que faire, que faire ?

— Ne dites plus rien, et courez chez le médecin.

— Promettez-vous de ne pas le quitter et de veiller sur lui?

— Oui, mais ne restez pas trop longtemps partie. Ce malheur m'a mis tout à fait hors de mon assiette. Je ne suis pas à mon aise.

— Soyez tranquille ; si le docteur est à la maison, dans quinze minutes je serai de retour avec lui.

Et elle descendit l'escalier en toute hâte.

— Quelle regrettable imprudence, monsieur Bats, dit l'écrivain en se rapprochant du lit. Et vous sentez-vous réellement mieux?

— Mieux ? Je n'ai rien du tout. Je suis guéri, complètement guéri, et il me semble que j'ai envie de me lever.

— Ah! ne faites pas cela, je vous en supplie.

— Non, je ne le ferai pas ; je veux vous obéir, car c'est vous qui m'avez guéri. Je veux...

je veux m'en souvenir toujours ; j'éprouve une tentation de vous coucher sur mon testament, si je redeviens malade... Ah ! je m'y suis pris adroitement pour me procurer le médicament sauveur, n'est-il pas vrai ? Dix fois déjà j'avais inutilement joué une comédie du même genre pour endormir la vigilance de mon Argus aux cent yeux... Quelle bonne idée j'ai eue de vous appeler, vous pour qui elle avait un respect et une vénération incroyable, sans vous avoir jamais parlé, sans vous connaître !

— Ainsi, c'est avec préméditation que vous m'avez trompé ? dit l'écrivain avec dépit.

— Vous me le pardonnerez avec joie, j'en suis certain. Vous n'en avez éprouvé aucun dommage, mon ami, et quant à moi, vous voyez...

— Ce testament sur lequel vous vouliez me consulter n'était donc qu'un prétexte ?

— Bah ! mon testament est fait depuis longtemps. Mes enfants m'ont témoigné l'un un peu plus, l'autre un peu moins d'affection ; mais je leur laisse à tous une part égale. Par conséquent j'ai suivi par avance votre sage conseil... Vous paraissez en avoir du dépit, mon ami. Pourquoi? N'êtes-vous pas content de m'avoir guéri de ma maudite goutte, et de me voir bientôt sur pied? Vous haussez les épaules, et vous doutez? C'est ainsi, pourtant, et ce miracle-là, ce n'est pas la Vierge de Montaigu, c'est le vin de l'Ermitage qui l'a opéré.

>O bon vin,
>Jus divin,
>O bouteille
>Vermeille,
>Jus divin
>De la treille
>Du soleil de la....
>Du soleil de la France...

Ah bah ! j'ai oublié le reste, excepté le refrain :

>Tralala,
>Tralala
>Ut ré mi fa sol la !

Le malade continua à bavarder, à ricaner et à chanter ainsi jusqu'au moment où le docteur, suivi de Catherine, pénétra dans son appartement.

Sans doute il avait été mis au courant de tout par la vieille bonne, car il se borna à jeter sur le romancier un regard chargé de reproches, et alla directement au lit de M. Bats.

— Votre pouls ! lui dit-il brusquement.

— Allez-vous en, docteur l'eau claire, lui répondit l'autre. Je n'ai plus besoin de vos soins, je suis radicalement guéri.

— Oui, oui, nous connaissons cela. On a jeté de l'huile sur le feu pour que le dernier tison fût plus vite consumé... Il n'y a pas à hésiter, je vais vous préparer une potion. Très peu de chose.

— Non, non, je ne veux pas !

— Quelques gouttes d'alcali volatil.

— De l'ammoniac ?

— Parfaitement.

— Ne m'approchez pas avec ce satané poison, ou je vous arrache les yeux.

— Vous le prendrez bon gré malgré.

— Essayez seulement, bourreau !

— Ah ! vous croyez que nous autres médecins nous ne connaissons pas de moyens pour réduire les malades récalcitrants ? Eh bien, vous allez voir.

Il s'approcha de la table, versa de l'eau dans un verre, y laissa tomber un certain nombre de gouttes d'un petit flacon qu'il avait tiré de sa poche, puis il demanda au malade :

— Voulez-vous prendre cela, oui ou non ?

— Jamais, jamais !

— C'est bien : Catherine, tenez-le par son bras droit. Vous, monsieur, saisissez-le par sa main ganche, et empêchez-le de faire le moindre mouvement. Pas d'hésitation, pas de faiblesse, il s'agit ici de la vie d'un homme mise en péril par une fatale imprudence. Ne faites pas attention à ses clameurs, et domptez seulement sa résistance ; qu'il ne puisse pas bouger. Êtes-vous prêts ? Allons !

Il porta le verre à la bouche de M. Bats qui serrait les dents avec rage, et dont les yeux enflammés de colère accusaient le docteur de cruauté et le menaçaient d'une cruelle vengeance.

Mais le médecin saisit entre le pouce et l'index le nez du malade récalcitrant, et lui pinça les narines de façon à lui couper complètement la respiration. M. Bats eut beau se démener et opposer de la résistance, il fut contraint d'ouvrir la bouche pour ne pas suffoquer... et le médecin profita de ce moment pour lui verser le médicament dans le gosier.

Lorsqu'il fut bien certain que le malade avait ingurgité tout le contenu du verre, il s'éloigna de son lit.

M. Bats éclata contre lui en reproches sanglants, en injures grossières, en imprécations furibondes ; le docteur laissa passer le plus fort de cet orage, puis il lui dit d'une voix calme mais sévère.

— Cela suffira si vous vous tenez tranquille ; mais si je m'aperçois à votre agitation que la potion n'a pas agi suffisamment, alors je vous en administre encore deux fois autant. Donc, si vous ne voulez pas que je vous ressaisisse par le nez, restez calme et ne bougez plus.

Cette menace devait inspirer au malade une profonde terreur, car il ferma les yeux et demeura si tranquille en apparence qu'on eût pu croire qu'il était endormi.

Le docteur, pour consoler la vieille Catherine qui ne cessait pas de pleurer, lui dit que, suivant son avis, on n'avait pas à craindre d'aggravation dans l'état de M. Bats, comme il lui avait administré un contrepoison énergique immédiatement après l'accident, il était à croire qu'il n'y aurait qu'un léger retard dans son complet rétablissement.

Là-dessus le romancier exprima le désir de retourner à Anvers, à moins que sa présence ne pût être encore de quelque utilité pour aider à combattre les suites fâcheuses de son imprudence.

Le docteur lui répondit qu'il veillerait lui-même auprès du lit de son vieil ami Bats aussi longtemps que cela pourrait être nécessaire ; qu'il n'avait donc plus à s'inquiéter de rien et qu'il pouvait s'en retourner à Anvers.

L'accent avec lequel ces paroles furent dites leur prêtait un sens que l'écrivain crut traduire fidèlement ainsi : « Et vous auriez mieux fait d'y rester, au lieu de venir ici. »

Il sortit donc de la maison de M. Bats et quitta le village, triste et abattu, en se disant à lui-même:

— Hélas ! serait-il possible que je fusse la

cause de la mort d'un homme? Innocent ou non, le souvenir m'en poursuivrait pendant toute ma vie, comme un affreux cauchemar... Heureusement le docteur dit que ce ne sera rien.

VII

Huit jours après, au moment où il ne pensait plus à cette aventure, l'écrivain reçut une lettre portant le timbre de W...

— Ah ! ah ! se dit-il, sans doute des nouvelles de M. Bats.

Il rompit le cachet avec une vive curiosité, et déplia la lettre. Mais à peine y eut-il jeté les yeux qu'il poussa un cri sourd, s'affaissa sur une chaise, et cacha sa figure dans ses mains...

C'était une lettre de faire part de la mort de M. Bats !

FIN.

TABLE

	Pages
LES SERFS DE FLANDRE.	1
LE GOUTTEUX.	243

Châteauroux. — Typ. et Stéréotypie A. Nuret et Fils.

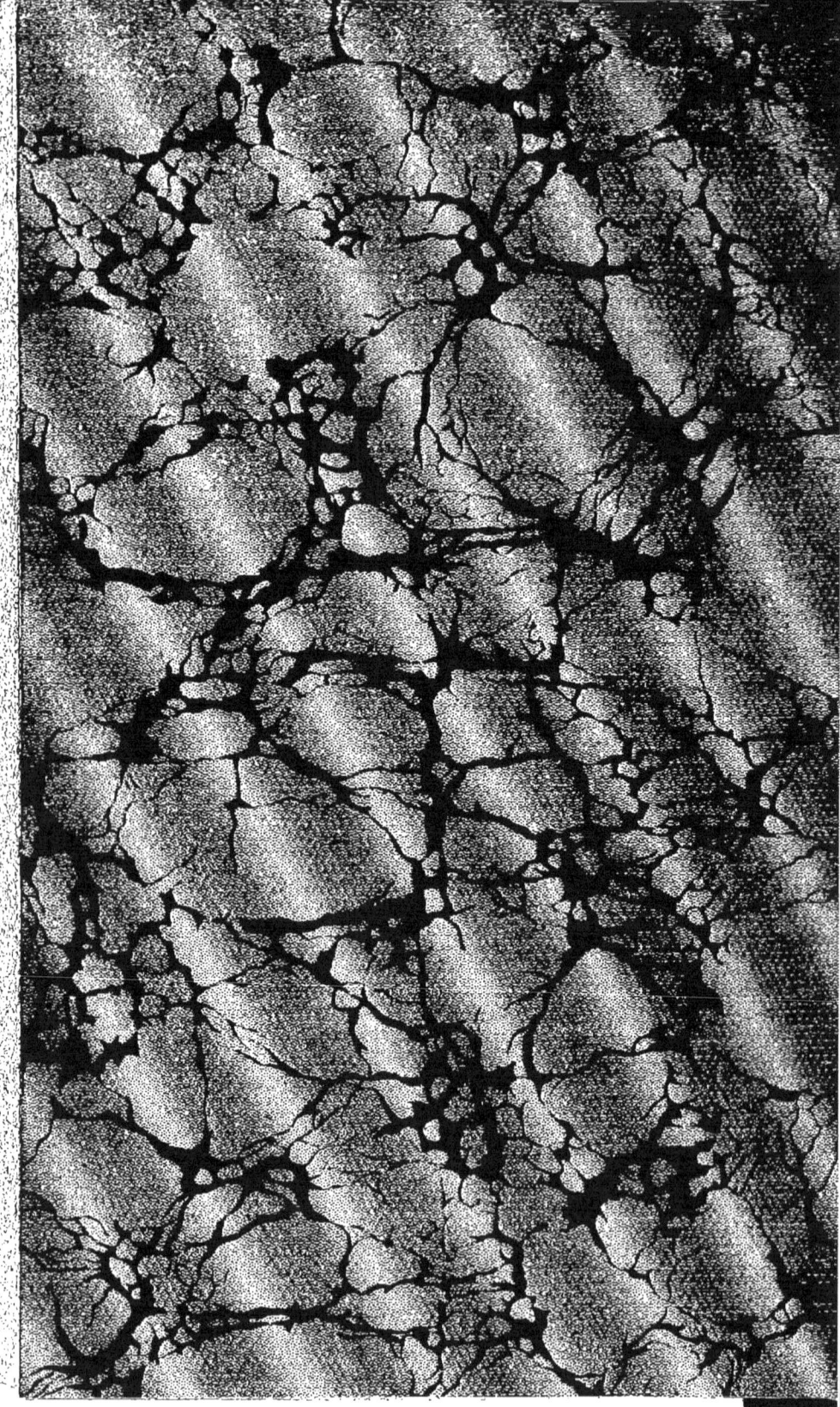

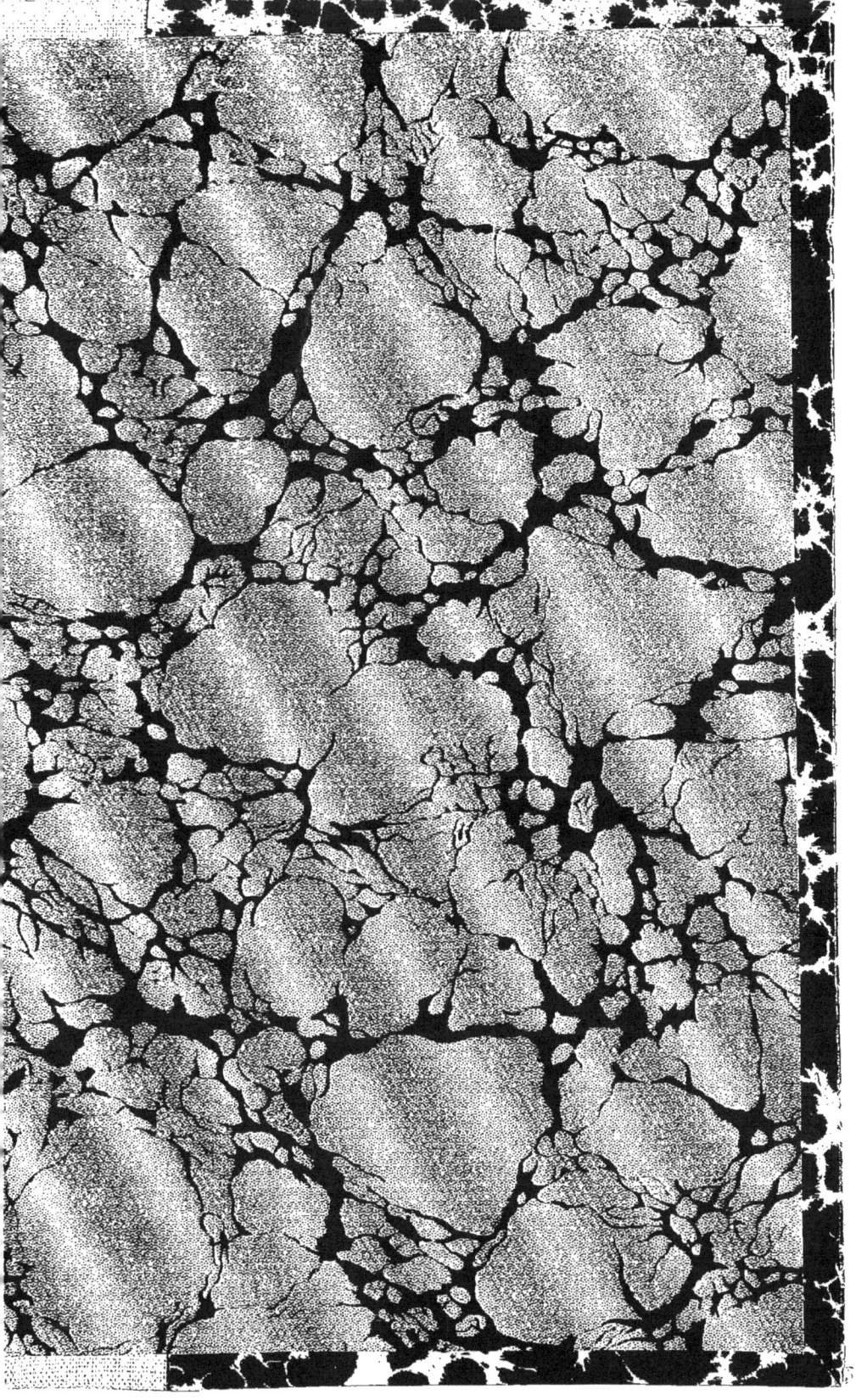

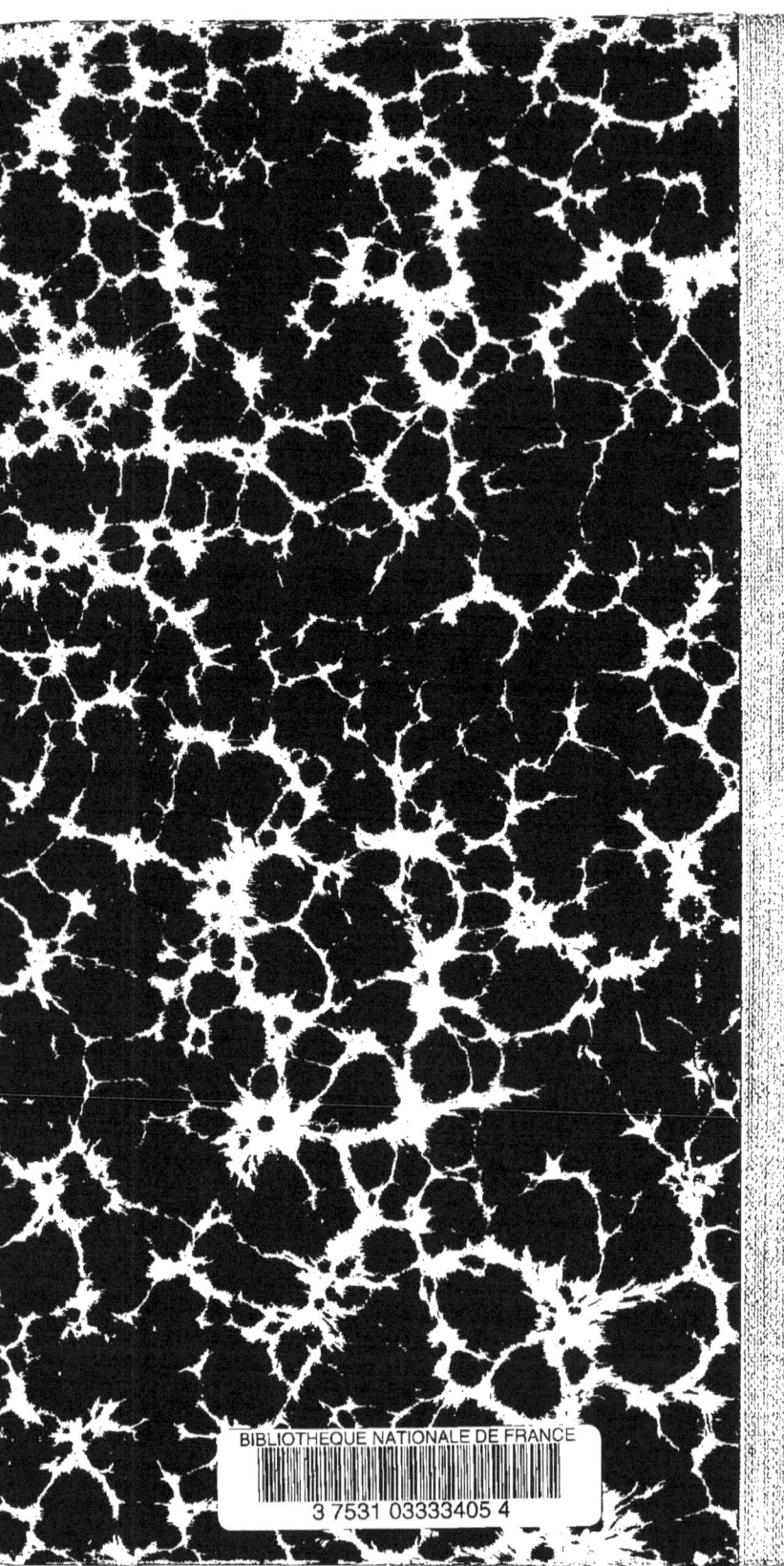

www.ingramcontent.com/pod-product-compliance
Lightning Source LLC
Chambersburg PA
CBHW070608160426
43194CB00009B/1223